# SAS를 이용한 건강보험 자료분석

김경훈 지음

자유아카데미

# 머리말

저자가 건강보험청구자료를 처음 분석한 것은 지금으로부터 20년 전인 2006년이었다. 그때는 지금과 같이 서버에 접속하여 분석하거나 프로그램 실행 후 불과 몇 초 안에 결과가 출력되지 않았다. 많은 비용을 들여 외장형 디스크와 굉음을 내는 컴퓨터를 구매하고, 인내심을 갖고 분석 결과를 기다려야 했다. 특히, 건강보험청구자료가 어떻게 수집되고, 분석되는지 정리한 자료는 전혀 없었고, 건강보험심사평가원 담당자의 말 한마디가 곧 한 줄기 햇살과 같은 분석 가이드였다. 막 석사과정을 시작한 나에게 건강보험청구자료 분석이라는 큰 숙제를 던져주신 분은 故 안형식 교수님이셨다. 교수님 덕분에 건강보험청구자료에 관심을 갖게 되었고, 건강보험심사평가원에서 건강보험청구자료를 분석하는 경험을 쌓을 수 있었다.

2017년 건강보험심사평가원 의료정보융합실(현 빅데이터실)에 근무하면서 건강보험청구자료 분석 매뉴얼을 개발하였다. 동일한 건강보험청구자료임에도 사용자의 데이터 추출 방식과 분석 관점에 따라 다른 결과가 산출될 수 있음을 확인하고, 좀 더 효율적으로 분석 데이터를 구축할 수 없을까? 라는 고민에서 개발이 시작된 것으로 기억한다. 지금은 건강보험심사평가원 소속이 아닌 연구자로서 건강보험심사평가원과 국민건강보험공단에 맞춤형 데이터를 신청하고, 분석하고 있다. 두 기관은 동일한 건강보험청구자료를 개방하는데, 변수명이 다르고 개방되는 변수 범위와 테이블이 달라 두 기관의 변수 목록을 조금씩 비교 · 정리해 두었다. 그리고 건강보험청구자료를 처음 접하는 학생 또는 연구자를 위해 변수 설명과 데이터 구축 과정이 한 권의 책에 담긴다면 건강보험청구자료의 활용도가 높아질 것으로 생각되었다. 어쩌면 분석 매뉴얼과 동일한 목적으로 「SAS를 이용한 건강보험자료분석」을 출간하게 된 것이다.

이 책은 총 5장으로 구성된다. 1장에서는 건강보험청구자료 구축과 활용에 대해 간단히 서술하였다. 건강보험청구자료 구축 과정과 특성은 학회 또는 학술지를 통해 다수 발표되어 건강보험청구자료를 처음 접하는 독자의 눈높이 맞춰 간략히 작성하였다. 2장에서는 건강보험심사평가원과 국민건강보험공단에서 개방하는 데이터 셋을 소개하였다. 두 기관은 건강보험청구자료 외에 병원평가자료, 건강검진자료와 같이 각 기관의 고유사업 수행 과정에 수집되는 데이터를 개방하고 있다. 3장에서는 연구자에게 공유되는 변수 목록들을 테이블별로 정리하고, 두 기관의 변수를 비교하였다. 그리고, 건강보험청구자료를 분석한 경험을 토대로 변수 의미와 분석 시 고려할 사항을 제시하여 변수에 대한 이해를 높이기 위해 노력하였다. 4장에서는 3장에서 다룬 변수 설명을 연장하여 성과 연구(outcome study)에서 활용될 수 있는 교란 요인을 제시하였다. 마지막 5장에서는 건강보험청구자료를 분석하면서 가장 많이 사용되는 SAS 프로그램을 15개 영역으로 구분하여 정리하였다. 특히, 분석 데이터 구축 과정에 동반질환과 입원 에피소드 구축의 필요성을 인식하고 있지만, 이를 SAS 프로그램으로 구현하는 데 어려움이 있는 연구자에게 도움이 되길 기대한다.

「SAS를 이용한 건강보험자료분석」을 발간한다는 것은 쉽지 않은 결정이었고, 그 과정 또한 쉽지 않았다. 책 발간을 위해 자료 수집, 프로그램 작성 및 검증, 원고 작성 등 많은 시간을 할애하였지만, 미흡한 부분이 있을 수 있다. 출간 후 나올 수 있는 수정사항 등은 자유아카데미 홈페이지 자료실(www.freeaca.com)을 통해 게시할 예정이니 참고 바란다. 마지막으로, 집필 과정에 큰 도움을 준 건강보험심사평가원 동료들에게 고마움을 전한다.

2025년 6월

**김경훈**

# 차례

## 5장 SAS 프로그래밍

1장

# 건강보험청구자료의 활용

1. 건강보험청구자료 구축
2. 보건의료 연구 활용
3. 건강보험청구자료의 장단점

# 1

# 건강보험청구자료 구축

건강보험청구자료는 2005년 전후로 보건의료 연구와 통계 생산 과정에 활용되기 시작하여 지금은 보건의료 연구 분야에서 핵심적인 자료원으로 활용되고 있다. 건강보험청구자료는 의료 서비스를 이용한 모든 환자의 진료 내역이 포함된 전수자료이며, 특히 행위별수가제(fee for service)가 적용되어 세부적인 의료 서비스를 확인할 수 있다는 장점이 있다. 최근에는 정부의 보건의료 빅데이터 개방 정책과 원격분석 서비스 확대로 보건의료 연구 분야뿐만 아니라 의약산업계로 활용이 확대되었다.

건강보험청구자료를 정확하게 활용하기 위해서는 우리나라의 건강보험제도를 이해할 필요가 있다. 우리나라의 건강보험은 모든 국민이 의무적으로 가입하고, 모든 의료기관은 국민건강보험법에 따라 의료가 필요한 국민에게 요양급여를 제공해야 한다. 요양기관[1]은 의료기관 중에서 건강보험 요양급여를 제공하는 기관으로, 환자에게 요양급여를 제공한 후 건강보험심사평가원에 요양급여 비용을 청구한다. 건강보험심사평가원은 요양기관에서 제출한 요양급여비용명세서를 심사하고, 심사 완료된 명세서는 데이터베이스로 저장하는데, 이 데이터베이스가 건강보험청구자료이다. 요양기관에서 의료 서비스 제공 대가로 지불된 진료비를 심사한 데이터라는 점에서 건강보험진료비자료, 건강보험진료비청구자료 등 다양한 용어로 사용된다. 심사가 완료된 요양급여비용명세서는 국민건강보험공단으로 전달되고, 국민건강보험공단은 건강보험심사평가원의 심사 결과에 근거하여 요양기관에게 요양급여 비용을 지

1 국민건강보험법 제42조1항에 따라 요양급여(간호와 이송 제외)는 「의료법」에 따라 개설된 의료기관, 「약사법」에 따라 등록된 약국, 「약사법」 제91조에 따라 설립된 한국희귀·필수의약품센터, 「지역보건법」에 따른 보건소·보건의료원 및 보건지소, 「농어촌 등 보건의료를 위한 특별조치법」에 따라 설치된 보건진료소의 요양기관에서 실시한다.

불(reimbursement)한다. 이 과정에 구축된 데이터가 국민건강보험공단의 건강보험 청구자료이다. 즉, 건강보험심사평가원과 국민건강보험공단에서 개방하는 건강보험 청구자료는 동일한 데이터이며, 개방하는 과정에 변수 목록과 변수명만 다를 뿐이다. 건강보험심사평가원은 한국보훈복지공단과 보건복지부로부터 보훈과 의료급여에 대한 요양급여 심사를 위탁받아 수행하므로 보훈과 의료급여에 대한 요양급여 내역도 건강보험청구자료에서 확인할 수 있다. 건강보험, 보훈, 의료급여 청구자료 이외에 건강보험심사평가원은 자동차보험청구자료를 개방하고 있다. 건강보험심사평가원은 자동차손해배상보장법에 따라 2013년 7월부터 보험회사와 공제조합의 자동차보험 진료비 심사업무를 위탁받아 수행하며, 이 과정에 자동차보험청구자료가 구축된다.

요양급여는 건강검진, 요양비 등과 함께 건강보험에서 제공되는 급여로, 건강보험 가입자와 피부양자의 질병, 부상, 출산 등에 대한 진찰 · 검사, 약제 · 치료 재료, 처치 · 수술 및 기타 치료 등이 포함된다. 건강보험청구자료에는 요양급여로 제공되지 않는 비급여가 포함되지 않지만, 건강보험 가입자와 피부양자 중에서 요양급여를 받은 환자의 진료 정보가 기록되어 있다는 점에서 실제 의료 현실(real world)을 반영한다. 즉, 비급여를 제외한 모든 의료 서비스가 포함된 자료라는 점에서 보건의료 분야에서 다양한 목적으로 활용되고 있다.

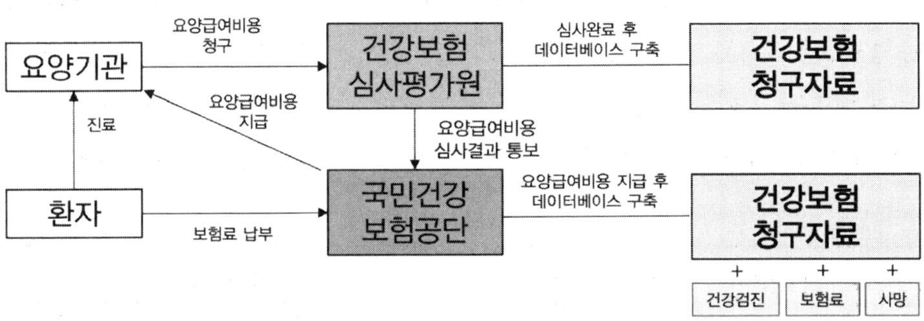


**건강보험청구자료 구축 과정**

# 2

# 보건의료 연구 활용

연구 형태는 관찰연구(observational study)와 실험연구(experimental study)로 구분할 수 있다. 관찰연구는 연구자가 변수를 조작하지 않고, 자연스러운 상태에서 데이터를 관찰하여 연구하는 방법이다. 반면에 실험연구는 연구자가 변수를 조작하고, 그 결과로 나타나는 변화를 관찰하는 연구 방법이다. 건강보험청구자료는 요양급여를 받은 환자 정보를 저장한 자료라는 점에서 관찰연구에 해당된다.

연구 설계 측면에서는 단면 연구(cross-sectional study), 코호트 연구(cohort study), 환자-대조군 연구(case-control study) 등으로 구분할 수 있다. 단면 연구는 모집단을 대상으로 특정 시점(또는 짧은 기간)에 위험 요인(원인)과 질병(결과) 여부를 조사한다. 코호트 연구는 모집단에서 코호트를 추출하고 위험 요인(원인) 노출 여부를 먼저 측정한 다음 시간이 경과함에 따라 질병(결과) 발생을 관찰하여, 위험 요인에 따른 질병 발생을 비교하는 연구이다. 환자-대조군 연구는 모집단에서 환자군(질병 있는 사람)과 대조군(질병 없는 사람)을 먼저 추출한 후에 과거에 위험요인(원인)에 노출되었는지를 파악하여 위험 요인과 질병 발생 간에 관련성을 분석하는 연구이다.

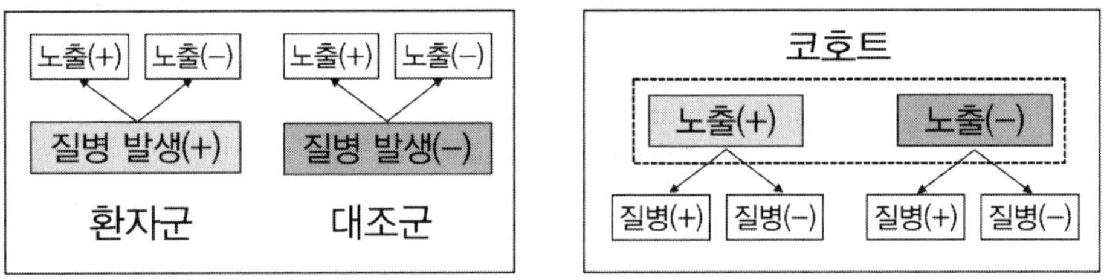


환자-대조군 연구(좌)와 코호트 연구(우) 설계

건강보험청구자료를 활용한 보건의료 연구들은 단면 연구, 환자-대조군 연구, 코호트 연구 등을 적용한 연구들이 수행되고 있다. 코호트 연구는 전향적 코호트 연구(prospective cohort study)와 후향적 코호트 연구(retrospective cohort study)로 구분되는데, 건강보험청구자료를 분석하는 시점에는 이미 질병(결과)이 발생한 상태이므로 후향적 코호트에 해당된다. 단면 연구에서는 희귀질환 또는 만성질환자 등을 대상으로 진료비, 재원일수, 외래 방문 일수, 치료(검사, 의약품 처방 등) 등 의료 서비스 이용 현황을 분석하거나, 유병률, 발생률과 같은 역학적 분석을 수행한다. 후향적 코호트 연구는 성과연구(outcome study)에서 많이 사용되는 연구 설계로, 특정 수 · 시술을 받거나 의약품을 처방받은 환자를 추적 관찰하여 합병증 발생, 재입원, 사망과 같은 건강 결과(health outcome)를 분석한다. 환자-대조군 연구는 특정 질환 유무로 환자군과 대조군을 선정하고, 과거에 질환 발생의 위험 요인 노출 여부를 조사하여 두 군 간에 노출 정도의 차이를 비교한다.

# 3

# 건강보험청구자료의 장단점

건강보험청구자료가 보건의료 연구 분야에서 많이 활용되는 이유는 다음과 같다.

첫째, 건강보험청구자료는 의료 서비스를 이용한 모든 국민의 의료이용을 파악할 수 있는 전수자료이다. 2023년 12월 기준 우리나라의 의료보장 인구는 5,296만 명으로, 이 중에서 건강보험 적용인구는 5,145만 명(97.1%), 의료급여 적용 인구 151만 명(2.9%)이다.[2] 건강보험청구자료는 건강보험뿐만 아니라 의료급여 적용 인구의 진료 내역도 포함되어 있다.

둘째, 우리나라는 국민건강보험공단에서 보험자 역할을 하는 단일 건강보험체계(single health insurance system)를 운영하고 있어 환자의 의료 서비스 이용 내역이 한 곳에서 관리된다.

셋째, 지불제도(payment system)가 대부분 행위별수가제라는 점에서 상세한 의료 서비스 내역(수 · 시술, 검사, 치료재료, 의약품 처방 등)을 확인할 수 있다. 일부 영역에서는 일당정액제와 포괄수가제가 적용되고 있는데, 이러한 지불제도가 적용되는 영역은 세부적인 서비스 내역을 알 수 없기 때문에 분석 시 주의가 필요하다. 요양병원 입원, 의료급여 환자의 정신과 입원, 의료급여 환자의 혈액 투석(외래), 보건기관 외래는 일당 정액제가 적용되고, 수정체수술, 편도 및 아데노이드수술, 항문 및 항문주위수술, 서혜 및 대퇴부 탈장수술, 충수절제술, 제왕절개분만, 자궁 및 자궁부속기 수술은 포괄수가제가 적용된다.

넷째, 무작위대조군 임상 연구와 비교하여 짧은 시간 내에 많은 환자 자료에 접근할 수 있고, 비용도 적게 든다. 무작위대조군 임상 연구에서 사례(case) 수집에는 상

---

2 보건복지부 https://www.mohw.go.kr/menu.es?mid=a10705010300

당히 많은 비용이 소요되는 반면에, 건강보험청구자료는 데이터 용량과 사용 기간 등에 따른 비용을 지불하면 된다.

다섯째, 환자고유식별자(unique patient identifier)를 사용하여 의무기록자료, 조사자료 등 다른 자료와 연계할 수 있다. 환자고유식별자는 식별 불가능한 형태로 연구자에게 제공되지만, 건강보험심사평가원과 국민건강보험공단은 주민등록번호 정보를 갖고 있어 다른 자료원과 연계가 가능하다.

건강보험청구자료는 보건의료 연구 분야에서 중요한 자료원이지만, 연구 목적이 아닌 요양급여 비용을 청구, 심사하는 목적으로 구축된 자료라는 점에서 다음과 같은 제한점이 있다.

첫째, 건강보험, 의료급여, 보훈 환자에게 제공된 급여 내역만 포함되어 있다. 비급여, 즉 요양급여 범위에 해당되지 않은 의료 서비스는 건강보험청구자료에 포함되지 않는다. 환자가 비급여에 해당되는 검사를 받거나 의약품을 처방받았다면, 이 검사와 의약품은 건강보험청구자료에 불포함되고, 약국에서 구매한 일반의약품도 포함되지 않는다.

둘째, 건강보험청구자료는 요양급여 비용을 심사하는 목적으로 수집되므로 진단(상병)의 정확성 문제로 인해 환자 오분류(misclassification)가 발생할 수 있다. 건강보험심사평가원에서 발간하는 「요양급여비용 청구 방법, 심사청구서 · 명세서 서식 및 작성 요령」에 따르면, 요양급여 비용 심사 청구 시 진단명은 임상적 진단명이 아닌 의료자원 소모량이 많은 진단명을 기준으로 작성하도록 제시하고 있다. 이로 인해 진단명만을 사용하여 환자를 선정하면 환자 수가 과소(under-coding) 또는 과다(up-coding) 선정될 가능성이 있다.

셋째, 일부 임상 정보만 수집된다.[3] 연구 수행 과정에 환자의 건강 결과를 객관적으로 평가하기 위해서는 임상적 검사 결과 등과 같이 환자 상태를 반영하는 정보가 필요하다. 요양급여 비용 심사를 위해 일부 영역에서는 암 병기 등 임상 정보를 수집하지만, 연구에 활용하기에는 제한적이다. 또한 수술 시작 30분 전 예방적 항생제 투여 여부를 산출하기 위해서는 수술 시작 시간, 항생제 투여 시간 정보가 필요하지만, 건강보험청구자료에는 수 · 시술, 검사, 의약품 투여 등에 대한 시간 정보가 없다.

---

**3** 요양급여 비용 심사를 위해 일부 임상 정보가 제한적으로 수집(암 병기 등)

넷째, 건강보험청구자료에는 요양기관을 방문하여 요양급여를 받은 환자만 포함되므로 질병이 있더라도 요양급여를 받지 않으면(병원에 가지 않으면) 건강보험청구자료에 기록되지 않는다. 평생 동안 진료가 필요한 질환을 대상으로 유병률을 분석할 경우, 특정 연도에 환자의 진료 내역이 없고, 사망하지 않았다면 이 환자는 진료를 받지 않았기 때문에 유병자로 포함되어야 한다.

다섯째, 요양기관에서 처방한 의약품과 약국에서 조제 받은 내역이 다를 수 있고, 실제 복용이 아닌 처방 · 조제 내역만 확인할 수 있다. 의약품을 지속적으로 잘 복용하는 환자는 그렇지 않은 환자에 비해 건강 결과가 좋다는 복약 순응도 연구 시에는 이러한 점을 고려해야 한다.

2장

# 맞춤형 건강보험청구자료 개방

1. 건강보험청구자료 개방
2. 건강보험청구자료의 테이블 구성

# 1

# 건강보험청구자료 개방

건강보험심사평가원과 국민건강보험공단은 각 기관의 고유 사업 수행 과정에 수집되는 자료와 건강보험청구자료를 연계하거나,[1] 표본(sampling) 또는 코호트(cohort) 등 다양한 방식으로 건강보험청구자료를 공개하고 있다. 그러나, 두 기관에서 개방하는 건강보험청구자료는 변수명과 변수 범위만 다를 뿐 동일한 자료이다. 심사 완료된 요양급여명세서를 데이터베이스로 저장한 자료가 건강보험심사평가원의 건강보험청구자료이며, 요양기관에게 진료비 지불을 위해 건강보험심사평가원이 국민건강보험공단으로 전달한 자료가 국민건강보험공단의 건강보험청구자료이기 때문이다.

건강보험심사평가원[2]과 국민건강보험공단[3]은 건강보험청구자료를 맞춤형 데이터 셋과 표본 데이터 셋으로 개방하고 있다. 맞춤형 데이터 셋은 연구자의 요청에 따라 건강보험청구자료를 가공한 데이터를 의미한다. 표본 데이터 셋은 건강보험청구자료 전수자료를 표본 추출하여 구축한 데이터로, 두 기관은 다른 방식으로 표본 데이

**건강보험심사평가원과 국민건강보험공단 개방 자료**

| | 건강보험심사평가원 | 국민건강보험공단 |
|---|---|---|
| 표본 데이터 | 입원 환자 데이터 셋<br>전체 환자 데이터 셋<br>고령 환자 데이터 셋<br>소아청소년 환자 데이터 셋 | 표본 코호트<br>건강검진 코호트<br>노인 코호트 |
| 맞춤형 데이터 | 사용자의 요청 사항에 따라 건강보험청구자료를 가공한 데이터 | |

1 건강검진자료와 건강보험청구자료를 연계
2 opendata.hira.or.kr
3 nhiss.nhis.or.kr

터 셋을 구축하여 개방하고 있다.

건강보험심사평가원의 표본 데이터 셋은 연도별로 표본을 추출하여 구축하는 반면에, 국민건강보험공단의 표본 데이터 셋은 특정 연도의 환자를 표본으로 추출하고, 표본 추출된 환자를 추적 관찰하는 형태이다. 건강보험심사평가원의 표본 데이터 셋에는 입원 환자 데이터셋(National Inpatient Sample, HIRA-NIS), 전체 환자 데이터셋(National Patient Sample, HIRA-NPS), 고령 환자 데이터셋(Adult Patient Sample, HIRA-APS), 소아청소년 환자 데이터셋(Pediatric Patient Sample, HIRA-PPS)이 있다. 이 데이터 셋은 연도 단위로 표본을 추출한 데이터라는 점에서 단면 연구만 가능하고 코호트 연구는 제한적으로 수행할 수 있다. 연도별로 표본을 추출하기 때문에 2023년과 2024년 표본 데이터 셋에서 환자 식별자가 동일하더라도 서로 다른 환자이다. 따라서 2023년 환자를 2024년까지 추적하지 못하고 2023년 표본 데이터 셋 내에서만 환자를 추적 관찰할 수 있다.

국민건강보험공단은 표본 코호트(National Sample Cohort, NHIS-NSC), 건강검진 코호트, 노인 코호트 등을 개방하며, 시간에 따른 종단연구(longitudinal study)가 가능하다는 장점이 있다. 2024년 12월 기준으로, 표본 코호트는 2006년 1년 동안 건강보험 가입자 및 의료급여 수급권자를 대상으로, 성별, 연령, 가입자 구분, 보험료 분위, 지역별로 층화추출한 100만 명에 대한 2002~2019년 데이터를 코호트로 구축하였다.

건강보험청구자료 개방에 있어 두 기관의 공통점은 건강보험청구자료 연구자의 요청에 따라 가공한 맞춤형 데이터 셋을 제공한다는 점이다. 그러나, 맞춤형 데이터 셋에서 제공되는 변수의 범위와 제공 방식은 서로 다르다. 건강보험심사평가원은 연구자가 지정한 컴퓨터에서 직접 분석 서버에 접속하여 분석하는 원격 분석 서비스를 제공하는 한다. 반면에, 국민건강보험공단은 지정된 지역분석센터에 방문하여 분석할 수 있다. 두 기관에서 제공하는 변수의 범위는 3장에서 다룰 예정이다. 맞춤형 자료 신청은 공공기관, 국가정책연구, 학술연구를 하는 기관 또는 사람, 건강보험심사평가원 또는 국민건강보험공단과 협약을 체결한 기관 등이 대상이며, 건강보험심사평가원(opendata.hira.or.kr)과 국민건강보험공단(nhiss.nhis.or.kr)의 빅데이터 개방 플랫폼에서 데이터를 신청한다.

# 2

## 건강보험청구자료의 테이블 구성

두 기관에서 개방하는 표본 데이터 셋은 연구자의 연구 목적에 부합하는 경우에만 활용 가능하다는 점에서 맞춤형 데이터 셋이 많이 활용한다.

건강보험청구자료는 여러 개의 테이블로 구성되며, 연계키를 사용하여 테이블을 결합할 수 있다. 건강보험청구자료의 테이블은 명세서 일반 테이블, 진료내역 테이블, 처방전 교부상세내역 테이블, 상병내역 테이블로 구성된다. 명세서 일반 테이블은 환자가 받은 요양급여 중에서 일반 사항을 포함하며, 환자고유번호, 성별, 연령, 주상병과 부상병, 요양급여개시 및 종료 일자, 요양기관기호, 요양급여 비용 등이 포함된다. 진료내역 테이블은 검사, 수 · 시술, 치료 재료, 의약품 처방 그리고 실시 횟수 및 비용 등 요양기관 내에서 받은 요양급여 내역을 포함한다. 처방전 교부상세내역은 외래에서 처방된 의약품과 처방일수 등을 포함한다. 상병내역 테이블은 명세서 일반 테이블에 포함된 주상병과 부상병을 포함한 모든 상병을 포함한다.

건강보험심사평가원은 명세서 일반 테이블에서 요양기관 정보(요양기관 종별, 요양기관 소재지)를 개방한다. 국민건강보험공단은 2025년 4월부터 별도로 요양기관 테이블을 개방하지 않고, 건강보험심사평가원과 동일하게 청구명세서 테이블에서 요양기관 종별코드를 제공한다. 연구자가 요양기관 테이블(요양기관 설립 구분, 소재지, 의사·간호사 등 인력 수)을 요청하면 심의위원회 심의를 통해 제공되며, 요양기관 테이블 정보는 부록에 제시하였다. 자격 및 보험료 테이블과 사망 테이블은 국민건강보험공단에서만 개방하고, 건강보험심사평가원은 보험자 구분(건강보험/의료급여), 진료 결과(사망/전원 등) 정보를 명세서 일반 테이블에서 제공한다.

**건강보험청구자료의 테이블 설명**

| 테이블 | 설명 | 포함 변수 |
|---|---|---|
| 명세서 일반 | 환자가 요양기관(병원, 의원, 약국 등)에서 받은 진료에 대해 요양기관이 요양급여를 청구하고, 심사 및 지급이 결정된 청구 단위의 명세서 내역 | 환자 정보, 상병, 요양급여 개시 및 종료일자, 비용, 외래/입원일수 등 |
| 진료내역 | 요양기관의 진료 행위, 의약품, 치료재료 및 그에 따른 청구 금액 등 상세 진료내역 | 검사/수·시술 등 요양급여비용 코드(수가코드), 약제 코드, 처방일수, 비용 등 |
| 처방전 교부상세 내역 | 처방전 교부 건별 원외 처방 내역 | 약제코드, 비용, 처방일수 등 |
| 상병 내역 | 환자의 모든 상병 내역 | 주상병, 부상병을 포함한 모든 상병 등 |
| 자격 및 보험료 | 건강보험 자격 및 보험료, 장애 정보 등 | 건강보험(직장/지역보험), 의료급여 구분, 보험료 등급 등 |
| 사망 | 사망 여부 | 출생 년도, 사망 일자 |

테이블들은 연계키(또는 공통키)를 사용하여 결합 · 분석할 수 있다. 각 테이블을 결합하는 연계키는 두 기관에서 제공하는 테이블에 포함된 변수에 따라 결정된다. 건강보험심사평가원은 각 테이블마다 수진자 고유번호(JID)와 명세서 고유번호(MID)가 포함되어 있는데, 이 변수를 사용하여 테이블을 연계할 수 있다. 국민건강보험공단에서 개방하는 청구명세서 테이블, 진료내역 테이블, 처방상세내역 테이블, 상병내역 테이블은 공통키(CMN_KEY)를 사용하여 연계된다. 자격 및 보험료 테이블, 사망 테이블은 청구명세서 테이블에 있는 개인식별ID(INDI_DSCM_NO)로 연계된다. 만약 진료내역 테이블을 사용하여 분석하는데, 환자 연령을 확인하고자 한다면 진료내역 테이블과 명세서 일반 테이블을 공통키(CMN_KEY)를 사용하여 먼저 연계하고, 연계된 데이터는 개인식별ID(INDI_DSCM_NO)를 기준으로 자격 및 보험료 테이블과 연계해야 한다.

**건강보험심사평가원과 국민건강보험공단의 테이블 구성**

| 자료 | 테이블 | 테이블 구성 | |
|---|---|---|---|
| | | 건강보험심사평가원 | 국민건강보험공단 |
| 건강보험청구자료 | 명세서 일반 테이블 | T200 | T20 |
| | 진료내역 테이블 | T300 | T30 |
| | 처방전 교부상세내역 테이블 | T530 | T60 |
| | 상병내역 테이블 | T400 | T40 |
| 연구 분석 자료 | 자격 및 보험료 테이블 | 명세서 일반 테이블에 일부 변수[4] 포함 | BFC |
| | 사망 테이블 | | DTH |

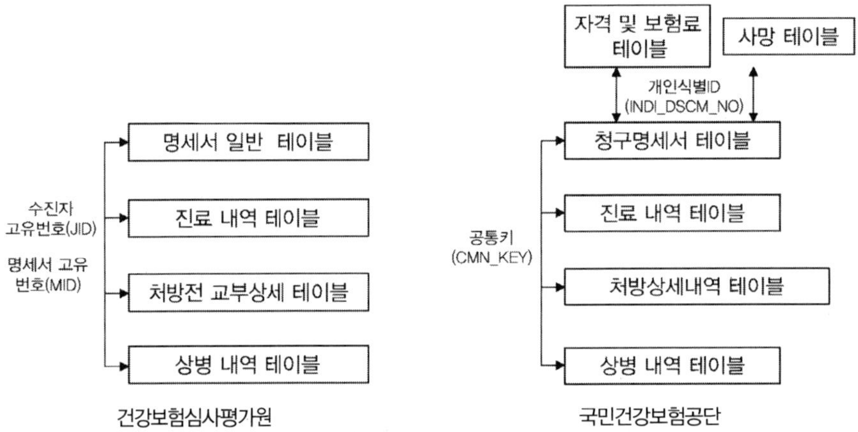


**테이블 간 연계 변수**

4 요양기관 종별, 소재지, 보험자 구분 등이 포함

# 3장

# 테이블별 변수 설명

1. 명세서 일반 테이블
2. 진료내역 테이블
3. 상병내역 테이블
4. 처방전 교부상세내역 테이블
5. 자격 및 보험료 테이블
6. 사망 테이블

# 1

# 명세서 일반 테이블

명세서 일반 테이블은 건강보험심사평가원과 국민건강보험공단에서 공통적으로 개방되는 테이블이지만, 개방되는 변수 범위가 다르고 한글과 영문 변수명 또한 차이가 있다. 국민건강보험공단은 보험자 구분(건강보험/의료급여 등), 성별, 출생연도 등을 자격 및 보험료 테이블에서 개방하는 반면에 건강보험심사평가원은 명세서 일반 테이블에서 이 변수들을 개방한다.

명세서 일반 테이블 변수명

| 번호 | 건강보험심사평가원 | | 국민건강보험공단 | |
|---|---|---|---|---|
| | 한글 변수명 | 영문 변수명 | 한글 변수명 | 영문 변수명 |
| 1 | 명세서 고유번호 | MID | 공통키 | CMN_KEY |
| 2 | 수진자 고유번호 | JID | 개인식별ID | INDI_DSCM_NO |
| 3 | 보험자 구분 | INSUP_TP_CD | 자격 및 보험료 테이블에서 제공[1] | |
| 4 | 성별 | SEX_TP_CD | | |
| 5 | 연령 | PAT_AGE | | |
| 6 | 요양기관 고유번호 | YID | 요양기관 기호 | MDCARE_SYM |
| 7 | 요양기관 종별 | CL_CD | 요양기관종별코드 | YOYANG_CLSFC_CD |
| 8 | 요양기관 소재지 | RVD_PLC_CD | 연구자 요청 시 변수 제공 | |
| 9 | 명세서 서식구분 | FOM_TP_CD | 서식코드 | FORM_CD |
| 10 | 주상병 코드 | MAIN_SICK | 주상병 | SICK_SYM1 |
| 11 | 부상병 코드 | SUB_SICK | 부상병 | SICK_SYM2 |
| 12 | | | 3상병 코드 | SICK_SYM3 |
| 13 | | | 4상병 코드 | SICK_SYM4 |
| 14 | | | 5상병 코드 | SICK_SYM5 |
| 15 | 진료과목 | DGSBJT_CD | 진료과목 코드 | MCARE_SUBJ_CD |
| 16 | | | 표시과목 | DISP_SUBJ_TYPE |
| 17 | 요양개시일자 | RECU_FR_DD | 요양개시일자 | MDCARE_STRT_DT |
| 18 | 요양종료일자 | RECU_TO_DD | | |
| 19 | 최초 입원일자 | FST_DD | 최초입원일자 | FST_HSPTZ_DT |
| 20 | 입내원일수 | VST_DDCNT | 입내원일수 | VSHSP_DD_CNT |
| 21 | 요양일수 | RECU_DDCNT | 요양일수 | MDCARE_DD_CNT |
| 22 | 원외처방일수 | OPRSC_DDCNT | 총 처방일수 | TOT_PRSC_DD_CNT |
| 23 | 요양급여 비용 총액 | RVD_RPE_TAMT_AMT | 심결 요양급여 비용 총액 | ED_RC_TOT_AMT |
| 24 | 본인부담금 | RVD_SLF_BRDN_AMT | 심결 본인부담금 | EDC_SBA |
| 25 | 보험자부담금 | RVD_INSUP_BRDN_AMT | 심결 보험자부담금 | EDC_INSUR_BRDN_AMT |
| 26 | | | 심결 가산율 | EDC_ADD_RT |
| 27 | 수술 여부 | SOPR_YN | 수술 여부 | OPRTN_YN |
| 28 | 공상 구분 | OINJ_TP_CD | 공상 구분 | OFIJ_TYPE |
| 29 | 특정 기호 | PRCL_SYM_TP_CD | 특정 기호 구분 | SPCF_SYM_TYPE |
| 30 | 상해외인 구분 | INJ_EXA_TP_CD | 상해외인 구분 | IOPF_TYPE_CD |
| 31 | 진료결과 | DGRSLT_TP_CD | 진료결과 구분 | MCARE_RSLT_TYPE |
| 32 | 입원도착 경로 | IPAT_ARIV_PTH_TP | 입원경로 구분 | HSPTZ_PATH_TYPE |
| 33 | 의료급여 종별 | MAIDCL_CD | | |
| 34 | 청구 구분 | DMD_TP_CD | | |
| 35 | 진료대상자 구분 | DGTGTP_TP_CD | | |
| 36 | | | 심결DRG번호 | EDC__DRG_NO |

1 출생연도 변수를 사용하여 연령 계산

### 명세서 고유번호(MID) 또는 공통키(CMN_KEY)

명세서 고유번호(건강보험심사평가원)와 공통키(국민건강보험공단)는 명세서 일반 테이블, 진료내역 테이블, 처방전 교부상세내역 테이블, 상병내역 테이블을 연계하는 변수이다. 명세서 일반 테이블은 하나의 명세서 고유번호(공통키)가 있는 반면에 진료내역 테이블, 처방전 교부상세내역 테이블, 상병내역 테이블에는 동일한 명세서 고유번호(공통키)가 1줄 이상 중복되어 있다. 명세서 일반 테이블은 wide form으로 테이블이 구성된 반면에 다른 테이블들은 long form으로 데이터가 입력되어 있기 때문이다. 건강보험심사평가원과 국민건강보험공단은 테이블 입력 형태가 동일하다.

Wide form

| 명세서 고유번호 | 변수1 | 변수2 | 변수3 |
|---|---|---|---|
| 123456789 | | | |
| 203450780 | | | |
| 313151711 | | | |
| 421456019 | | | |
| 523156089 | | | |

Long form

| 명세서 고유번호 | 변수4 | 변수5 |
|---|---|---|
| 123456789 | | |
| 123456789 | | |
| 123456789 | | |
| 203450780 | | |
| 203450780 | | |
| 313151711 | | |
| 313151711 | | |
| 421456019 | | |
| 523156089 | | |

**테이블 입력 형식**

### 수진자 고유번호(JID) 또는 개인식별ID(INDI_DSCM_NO)

수진자 고유번호(건강보험심사평가원) 또는 개인식별ID(국민건강보험공단)는 환자의 주민등록번호를 비식별화한 변수로, 환자 단위로 자료를 구축하거나 환자의 진료 내역을 추적할 때 사용된다. 건강보험심사평가원은 명세서 일반 테이블 외에 진료내역 테이블, 처방전 교부상세내역 테이블, 상병내역 테이블에서 수진자 고유번호를 개방하여 효율적인 테이블 연계가 가능하다. 반면에 국민건강보험공단은 청구명세서 테이블에만 개인식별ID가 있어 공통키(CMN_KEY)를 사용하여 진료내역, 처방상세내역, 상병내역 테이블을 연계할 수 있고, 자격 및 보험료 테이블과 사망 테이블 연계는 개인식별ID를 사용한다.

### 보험자 구분(INSUP_TP_CD) 또는 가입자 구분(GAIBJA_TYPE)

건강보험 및 의료급여 세부 자격, 보훈 자격을 반영하는 변수이다. 두 기관에서 제공하는 상세한 범주는 다른데, 국민건강보험공단은 건강보험 자격 관리 업무를 수행하므로 세부적인 자격 정보가 포함된 가입자 구분(GAIBJA_TYPE)을 자격 및 보험료 테이블에서 제공한다. 반면에 건강보험심사평가원은 건강보험, 의료급여, 보훈을 구분한 보험자 구분(INSUP_TP_CD)을 제공한다.

**보험자 또는 가입자 구분 변수**

| 보험자 구분(INSUP_TP_CD) | | 가입자 구분(GAIBJA_TYPE) | |
|---|---|---|---|
| 코드 | 설명 | 코드 | 설명 |
| 4 | 건강보험 | 1 | 지역 세대주 |
| 5 | 의료급여 | 2 | 지역 세대원 |
| 7 | 보훈위탁진료 요양기관의 보훈국비 환자 | 5 | 직장 가입자 |
| | | 6 | 직장 피부양자 |
| | | 7 | 의료급여 세대주 |
| | | 8 | 의료급여 세대원 |

### 성별(SEX_TP_CD)과 연령(PAT_AGE)

건강보험심사평가원은 명세서 일반 테이블에서 성별(SEX_TP_CD)과 연령(PAT_AGE)을 제공하는 반면에 국민건강보험공단은 명세서 일반 테이블이 아닌 자격 및 보험료 테이블에서 성별(SEX_TYPE)과 출생 연도(BYEAR)를 제공한다. 성별(SEX_TP_CD)에서 1은 남성을, 2는 여성을 의미한다. 연령은 생년 월일(YYYYMMDD)과 요양개시일자(YYYYMMDD)를 기준으로 계산되는 만 연령으로, 건강보험심사평가원에서는 연령을 5세 단위로 범주화하여 제공한다. 999는 요양개시일자와 생년 월일이 오류인 경우에 해당된다. 국민건강보험공단은 청구명세서 테이블[2]에서 성별과 연령을 제공하지 않으므로, 청구명세서 테이블과 자격 및 보험료 테이블을 연계하여 확인할 수 있다. 그러나 연령 대신 출생 연도(BYEAR)를 제공하므로, 출생 연도와 요양개시일자를 이용하여 연령을 계산할 수 있으며, 다만 월과 일 정보가 없어 정확한 만 연령을 계산할 수 없다는 제한점이 있다.

---

2 건강보험심사평가원은 명세서 일반 테이블, 국민건강보험공단은 청구명세서 테이블로 테이블명을 사용

### 요양기관 고유번호(YID) 또는 요양기관 기호(MDCARE_SYM)

환자가 진료받은 요양기관의 기호를 비식별화한 변수이다. 건강보험심사평가원은 요양기관 고유번호 외에 요양기관 종별과 요양기관 소재지를 명세서 일반 테이블에서 제공한다. 국민건강보험공단은 요양기관 테이블에서 요양기관 소재지, 설립형태, 종별 정보를 제공하였으나, 2025년 4월부터 요양기관 테이블을 별도로 제공하지 않고 청구명세서 테이블에서 요양기관 종별 변수만 제공한다. 단, 연구자가 요양기관 소재지, 설립 형태 등을 요청하면 심의위원회 심의를 거쳐 제공된다.

### 요양기관 종별(CL_CD, YOYANG_CLSFC_CD)

두 기관 모두 요양기관 종별을 제공하며, 변수명만 다르게 사용한다(건강보험심사평가원: CL_CD, 국민건강보험공단: YOYANG_CLSFC_CD). 그러나, 요양기관 종별을 구성하는 세부 코드는 아래 표와 같이 다르게 입력된다.

**요양기관 종별 세부 코드**

| 건강보험심사평가원(CL_CD) | | 국민건강보험공단(YOYANG_CLSFC_CD) | |
|---|---|---|---|
| 코드 | 설명 | 코드 | 설명 |
| 01 | 상급종합병원 | 0 | 상급종합병원 |
| 11 | 종합병원 | 1 | 종합병원 |
| 21 | 병원 | 2 | 병원 |
| 28 | 요양병원 | 20 | 병원 |
| 29 | 정신병원 | 28 | 요양병원 |
| 31 | 의원 | 29 | 정신병원 |
| 41 | 치과병원 | 3 | 의원 |
| 51 | 치과의원 | 4 | 치과병원 |
| 61 | 조산원 | 5 | 치과의원 |
| 92 | 한병병원 | 6 | 조산소 |
| 93 | 한의원 | 70 | 보건소 |
| 71 | 보건소 | 71 | 보건지소 |
| 72 | 보건지소 | 73 | 보건진료소 |
| 73 | 보건진료소 | 75 | 모자보건센터 |
| 75 | 보건의료원 | 77 | 보건의료원 |
| 81 | 약국 | | |

### 요양기관 소재지(RVD_PLC_CD)

요양기관이 위치하고 있는 지역의 시군구 코드이다. 건강보험심사평가원은 명세서 일반 내역에서 요양기관 소재지(RVD_PLC_CD)를 제공한다. 국민건강보험공단은 연구자가 요청[3]하면 요양기관 시군구코드(YOYANG_SI_GUN_GU_CD)를 제공한다. 시군구 코드의 앞 두 자리는 광역시도를 의미하며, 상세한 코드명은 부록에 제시하였다.

### 명세서 서식 구분(FOM_TP_CD) 또는 서식 코드(FORM_CD)

요양급여 명세서는 의과, 치과, 한방, 보건기관, 약국 명세서 등으로 구분되며, 각 명세서는 입원 또는 외래로 세분화된다. 명세서 서식 구분(서식 코드)은 일반적으로 입원과 외래를 구분하는 기준으로 활용된다. 건강보험심사평가원은 명세서 서식 구분(FOM_TP_CD)을, 국민건강보험공단은 서식 코드(FORM_CD)를 사용한다.

서식 구분 코드

| 건강보험심사평가원(FOM_TP_CD) | | 국민건강보험공단(FORM_CD) | |
|---|---|---|---|
| 코드 | 설명 | 코드 | 설명 |
| 021 | 의과 입원 | 02 | 의과 입원 |
| 031 | 의과 외래 | 03 | 의과 외래 |
| 041 | 치과 입원 | 04 | 치과 입원 |
| 051 | 치과 외래 | 05 | 치과 외래 |
| 071 | 보건기관 입원(의과) | 07 | 보건기관 입원 |
| 072 | 보건기관 입원(치과) | 08 | 보건기관 외래 |
| 073 | 보건기관 입원(한방) | 09 | 정신과 낮 병동 |
| 081 | 보건기관 외래(의과) | 10 | 정신과 입원 |
| 082 | 보건기관 외래(치과) | 11 | 정신과 외래 |
| 083 | 보건기관 외래(한방) | 12 | 한방 입원 |
| 091 | 정신과 낮병동 | 13 | 한방 외래 |
| 101 | 정신과 입원 | 15 | 혈액투석 정액 외래 |
| 111 | 정신과 외래 | 20 | 약국 조제 |
| 121 | 한방 입원 | 21 | 처방 조제 |
| 131 | 한방 외래 | | |
| 151 | 의료급여 혈액 투석 | | |
| 201 | 직접 조제 | | |
| 211 | 처방 조제 | | |
| 061 | 조산원 입원 | | |
| 991 | 조산원 외래 | | |

3 국민건강보험공단은 요양기관 테이블에서 요양기관 소재지를 제공하였으나, 2025년 4월부터 요양기관 테이블을 개방하지 않고 연구자가 요청하면 요양기관 테이블 정보(설립 구분, 소재지, 인력 수 등)를 개방한다.

### 주상병(MAIN_SICK, SICK_SYM1)

건강보험심사평가원에서 매년 발간하는 "요양급여비용 청구방법, 심사청구서 · 명세서서식 및 작성요령"에 따르면, 진료기간 동안 최종적으로 진단받은 병태로서 치료나 검사에 대한 환자의 요구가 가장 컸던 병태를 주상병으로 정의한다. 만약 이 조건에 해당되는 병태가 둘 이상인 경우에는 의료자원 투입량이 가장 많은 병태를 주상병으로 기재한다. 또한 진료 시작 이후 주된 상병과 관련된 질환이나 합병증이 발생하고, 이로 인한 자원소모가 많으면 기존 주상병을 유지하되, 요양기관을 방문하게 된 병태와는 관련이 없는 새로운 병태가 발견되고 이로 인한 자원 소모가 큰 경우에는 새로운 상병을 주상병으로 기재할 수 있다. 주상병은 한국표준질병 · 사인분류코드(Korean Standard Classification of Disease, KCD)에 따라 입력된다. 통계청은 국제질병분류(International Classification of Disease, 10th, ICD-10)를 기반으로 우리나라 상황에 맞게 KCD를 개발하였다. 건강보험심사평가원은 주상병 코드(MAIN_SICK)를, 국민건강보험공단은 주상병(SICK_SYM1)을 명세서 일반 테이블에서 제공한다. KCD는 질병분류정보센터(koicd.kr) 홈페이지의 한국표준질병 · 사인분류코드에서 확인할 수 있으며, 영문자(1자리)+숫자로 구성된 6자리이다.

| 자릿수 | ① | ② | ③ | ④ | ⑤ | ⑥ |
|---|---|---|---|---|---|---|
| 코드<br>부여방법 | 대분류 | 중분류 | 소분류<br>3단위 | 세분류<br>4단위 | 세세분류<br>5단위 | 세세세분류<br>6단위 |

상병 코드 구성

전술한 바와 같이 주상병은 퇴원 시 최종 진단명 또는 임상적 진단명이 아닌 자원소모량이 가장 큰 상병으로 정의된다. 즉, 환자의 최종 임상적 상병과 건강보험청구자료의 주상병은 동일할 수도 있고 다를 수도 있다. 상병은 연구 대상을 선정하고, 합병증 등 건강 결과를 확인하는 핵심적인 정보이지만, 진료비 심사를 위한 자료라는 점에서 상병의 정확성 문제는 제한적일 수밖에 없다. 보건의료 연구에서는 환자 선정의 민감도(sensitivity)를 높이기 위하여 주상병과 부상병을 모두 사용하기 보다는 주상병만으로 환자를 선정하거나, 특정 상병으로 입원 또는 외래를 이용한 횟수를 기준으로 환자를 선정하기도 한다. 또한 상병 외에 검사와 의약품 처방 여부를 포함하여 조작적으로 환자를 정의하기도 한다. 건강보험청구자료와 같은 행정자료를 사용한 연구에서는 환자 선정을 위한 조작적 정의의 타당성을 chart review 또는 2차 자료(관련 연구 및 통계 등) 비교를 통해 검증해야 한다.

#### 부상병(SUB_SICK, SICK_SYM2~SICK_SYM5)

부상병은 진료기간 중에 발생하여 환자 진료에 영향을 주었던 병태를 의미하며, 주된 하나의 상병을 제외한 나머지는 모두 부상병에 해당된다. 요양기관은 전자적 방식으로 건강보험심사평가원에 요양급여 명세서를 청구하는데, 청구 방식에 따라 입력할 수 있는 부상병의 개수가 달라진다. 대부분의 요양기관에서는 요양기관업무포털(portal)을 통해 명세서를 청구하며, 포털이 도입되기 전에는 EDI(electronic data interchange)로 청구되었다. EDI 방식으로 청구하는 경우, 입력 가능한 상병의 개수는 주상병 1개, 부상병과 배제상병[4]을 합쳐서 39개였다. 그러나, 포털을 통해서 청구하는 경우에는 입력할 수 있는 부상병과 배제 상병의 수는 제한이 없다.

건강보험심사평가원과 국민건강보험공단은 상병 내역 테이블을 공통적으로 제공하고 있으나, 명세서 일반 테이블에서 포함된 부상병의 범위가 다르다. 건강보험심사평가원은 부상병 1개(SUB_SICK)를, 국민건강보험공단은 부상병 4개(SICK_SYM2, SICK_SYM3, SICK_SYM4, SICK_SYM5)를 명세서 일반 테이블에서 제공한다. 일부 연구에서는 주상병 외에 상위 부상병 3개 또는 5개 등과 같이 부상병의 수를 제한하여 연구 대상을 선정하거나 건강 결과(합병증 등)를 확인하지만 이러한 접근은 검증되지 않았다.[5]

---

4 주상병, 부상병 이외에 병태가 의심되어 검사 등을 수행하였으나, 최종 진단을 받지 않은 상병

5 (저자 의견) 부상병의 수를 제한하여 분석하기 보다는 상병내역 테이블에 포함된 모든 부상병을 사용하여 연구대상을 포괄적으로 정의하고, 의약품 처방 또는 검사 여부 등을 적용하여 환자 선정의 민감도를 높이는 접근이 적절하다.

## 진료과목(DGSBJT_CD, MCARE_SUBJ_CD)

진료과목은 환자가 진료받은 진료과목(병원급 이상) 또는 상병에 해당되는 진료과목(의원급)으로 정의된다. 건강보험심사평가원은 진료과목(DGSBJT_CD)을, 국민건강보험공단은 진료과목 코드(MCARE_SUBJ_CD)를 제공한다.

**진료과목 코드 및 설명**

| 코드 | 설명 | 코드 | 설명 | 코드 | 설명 |
|---|---|---|---|---|---|
| 00 | 일반의 | 16 | 영상의학과 | 54 | 치주과 |
| 01 | 내과 | 17 | 방사선 종양학과 | 55 | 치과 보존과 |
| 02 | 신경과 | 18 | 병리과 | 56 | 구강내과 |
| 03 | 정신건강의학과 | 19 | 진단검사의학과 | 57 | 구강악안면 방사선과 |
| 04 | 외과 | 20 | 결핵과 | 58 | 구강병리과 |
| 05 | 정형외과 | 21 | 재활의학과 | 59 | 예방 치과 |
| 06 | 신경외과 | 22 | 핵의학과 | 60 | 치과 소계 |
| 07 | 심장혈관흉부외과 | 23 | 가정의학과 | 80 | 한방 내과 |
| 08 | 성형외과 | 24 | 응급의학과 | 81 | 한방 부인과 |
| 09 | 마취통증의학과 | 25 | 산업의학과 | 82 | 한방 소아과 |
| 10 | 산부인과 | 26 | 예방의학과 | 83 | 한방 안·이비인후·피부과 |
| 11 | 소아청소년과 | 49 | 치과 | 84 | 한방 신경정신과 |
| 12 | 안과 | 50 | 구강악안면외과 | 85 | 침구과 |
| 13 | 이비인후과 | 51 | 치과 보철과 | 86 | 한방 재활의학과 |
| 14 | 피부과 | 52 | 치과 교정과 | 87 | 사상체질과 |
| 15 | 비뇨기과 | 53 | 소아 치과 | 88 | 한방 응급 |

## 표시과목(DISP_SUBJ_TYPE)

의원급 요양기관은 건강보험심사평가원에서 관리하는 요양기관 현황에 신고하는 표시과목을, 병원급 이상 요양기관은 명세서에 기록된 과목코드가 입력된다. 표시과목(DISP_SUBJ_TYPE)은 국민건강보험공단에서만 제공한다.

**표시과목 코드 및 설명**

| 코드 | 설명 | 코드 | 설명 | 코드 | 설명 |
|---|---|---|---|---|---|
| 00 | 일반의 | 09 | 마취통증의학과 | 18 | 병리과 |
| 01 | 내과 | 10 | 산부인과 | 19 | 진단검사의학과 |
| 02 | 신경과 | 11 | 소아청소년과 | 20 | 결핵과 |
| 03 | 정신과 | 12 | 안과 | 21 | 재활의학과 |
| 04 | 외과 | 13 | 이비인후과 | 22 | 핵의학과 |
| 05 | 정형외과 | 14 | 피부과 | 23 | 가정의학과 |
| 06 | 신경외과 | 15 | 비뇨기과 | 27 | 치과 |
| 07 | 흉부외과 | 16 | 영상의학과 | 28 | 한방과 |
| 08 | 성형외과 | 17 | 방사선 종양학과 | | |

**요양개시일자(RECU_FR_DD, MDCARE_STRT_DT)와 요양종료일자(RECU_TO_DD)**

요양개시일자와 요양종료일자는 요양급여를 시작한 일자와 종료한 일자를 의미한다. 건강보험심사평가원은 요양개시일자(RECU_FR_DD)와 요양종료일자(RECU_TO_DD)를 제공하는 반면에 국민건강보험공단은 요양개시일자(MDCARE_STRT_DT)만 제공한다. 국민건강보험공단의 맞춤형 데이터를 사용할 경우에는 요양개시일자에 입내원일수(VSHSP_DD_CNT)를 반영하여 요양종료일자를 생성해야 한다. 약국 요양급여 명세서에서 요양개시일자는 조제 일자를 의미한다.

외래 환자의 요양개시일자와 외래 방문 일자는 일치하지만, 입원 환자의 요양개시일자/요양종료일자와 입원일자/퇴원일자는 항상 일치하지 않는다. 이는 요양급여 명세서의 작성 방법의 차이로 설명할 수 있다. 즉, 외래 명세서는 일자 단위로 명세서가 작성되는 반면에 입원 명세서는 월 단위로 작성된다. 외래 명세서의 일자 단위 작성은 단계적으로 도입되었는데, 의원급 요양기관은 2007년 7월부터, 병원급 이상 요양기관은 2012년 1월부터 시작되었다. 따라서 2007년(의원급) 또는 2012년(병원급) 이전의 외래 명세서를 분석한다면, 명세서 일반 테이블에 입력된 입내원일수를 고려하여 분석해야 한다.[6] 예를 들어, 2010년 외래 명세서 1건에 요양개시일자 20100310, 입내원일수 2일로 입력되어 있다면, 이 환자는 2010년 3월 10일 첫 외래 진료를 시작으로 2회 진료를 받았다는 의미이다.

입원 환자를 분석할 경우에는 명세서 작성 단위를 고려해야 한다. 예를 들어, A 환자가 5월 20일에 외래 진료를 받았다면, 요양개시일자, 요양종료일자는 모두 5월 20일로 입력된다. 반면에 B 환자가 5월 20일에 입원하여 6월 3일에 퇴원했다면 입원 명세서는 2건으로 분리 작성되는데, 이를 분리청구라고 한다. 첫 번째 입원 명세서의 요양개시일자와 요양종료일자는 각각 5월 20일, 5월 31일, 두 번째 입원 명세서는 각각 6월 1일, 6월 3일로 입력된다. 만약 C 환자가 6월 5일부터 6월 12일까지 입원 진료를 받고 퇴원했다면 요양개시일자는 6월 5일, 요양종료일자는 6월 12일로, 1건의 명세서가 청구된다.[7] 따라서 입원 환자를 대상으로 분석하는 경우에는 명세서 청구 단위를 고려하여 입원일자와 퇴원일자를 생성하는 입원 에피소드(inpatient episode)를 구축해야 하며, 이는 5장 "SAS 프로그래밍"에서 설명하였다.

---

6 2012년 이후 외래 명세서의 입내원일수는 대부분 1일이지만, 2012년 이전 외래 명세서는 일자 단위로 명세서를 작성하지 않아 입내원일수가 2일 이상으로 입력된 명세서가 많음

7 일반적으로 1건의 명세서가 청구되지만, 추가 또는 보완 청구하거나 적용되는 산정특례가 다르면 2건 이상의 명세서가 청구될 수 있음

### 최초 입원일자(FST_DD, FST_HSPTZ_DT)

최초 입원일자는 분리 청구 여부에 따라 두 가지 경우로 구분된다. 먼저 입원 명세서를 분리 청구하지 않으면 입원 진료를 받기 위해 그 달에 처음 입원한 년/월/일을 기재한다. 30일을 초과하여 계속 입원한 환자의 요양급여비용을 분리청구하는 경우에는 해당 입원의 최초 입원일자(년/월/일)를 입력한다. 건강보험심사평가원과 국민건강보험공단 모두 최초 입원일자를 제공한다. 최초 입원일자는 진료비 지불과 직접적으로 연계되지 않는 심사 참고 정보라는 점에서 최초 입원일자 변수를 그대로 사용하기 보다는 입원 에피소드를 구축한 데이터 셋에서 처음 입원한 일자를 확인하는 것이 오류를 줄일 수 있다.

### 입내원일수(VST_DDCNT, VSHSP_DD_CNT)

입내원일수는 환자가 외래 진료를 받기 위해 요양기관에 내원한 일수(초진+재진) 또는 입원 진료를 받은 일수를 더한 값이다. 두 기관 모두 입내원일수를 제공하며 영문 변수명만 다르다. 건강보험심사평가원은 VST_DDCNT로, 국민건강보험공단은 VSHSP_DD_CNT로 제공한다. 국민건강보험공단은 요양종료일자를 제공하지 않으므로, 입내원일수를 반영하여 요양종료일자를 산출한다.

### 요양 일수(RECU_DDCNT, MDCARE_DD_CNT)

요양 일수는 요양급여 일수의 줄임말로, 요양급여를 받은 실제 일수를 의미하며, 입원 또는 내원일수에 원내 투약일수를 포함한다. 단, 내원 또는 입원일수가 투약일수와 중복되면 1일로 산정한다. 그리고 외용제 또는 인슐린 등 분할 투여 약제의 요양급여일수는 실 투약일수를 반영한다. 요양 일수는 입내원일수와 유사하지만 원내 투약일수가 포함된다는 점에서 차이가 있다. 두 기관 모두 입내원일수(건강보험심사평가원: RECU_DDCNT, 국민건강보험공단: MDCARE_DD_CNT)를 제공하며 영문 변수명만 다르다.

### 원외 처방일수(OPRSC_DDCNT) 또는 총 처방일수(TOT_PRSC_DD_CNT)

건강보험심사평가원은 원외 처방일수를, 국민건강보험공단은 총 처방일수를 제공하며, 두 변수는 동일한 의미이다. 원외 처방일수 또는 총 처방일수는 처방전에 기재된약품별 처방일수 중에서 가장 긴 처방일수를 의미하며, 처방일자별로 처방 내역이 다르면, 처방일수를 합산한 값이다. 예를 들어, 5월 20일에 A, B, C 의약품을 각각 3일, 7일, 7일 처방받았다면, 원외 처방일수는 처방일수가 가장 긴 7일로 입력된다. 그리고, 5월 28일에 A, B 의약품을 각각 3일, 5일 처방받았다면 이 환자의 처방일수는 5월 20일의 최대 처방일수 7일과 5월 28일의 최대 처방일수 5일을 합산하여 총 12일이 된다.

### 요양급여비용총액(RVD_RPE_TAMT_AMT) 또는 심결 요양급여비용총액(ED_RC_TOT_AMT)

요양급여비용총액은 요양기관에서 청구한 명세서를 심사하여 최종적으로 결정된 총 요양급여 비용을 의미하며, 환자의 요양급여비용총액과 약제상한차액을 합산한 비용이다. 건강보험심사평가원은 요양급여비용총액(RVD_RPE_TAMT_AMT)을, 국민건강보험공단은 심결 요양급여비용총액(ED_RC_TOT_AMT)을 변수명으로 사용한다.

### 본인부담금(RVD_SLF_BRDN_AMT) 또는 심결 본인부담금(EDC_SBA)

본인부담금은 요양기관에서 청구한 명세서를 심사하여 최종적으로 결정된 총 요양급여 비용 중에서 환자가 부담하는 금액을 의미한다. 건강보험심사평가원은 본인부담금(RVD_SLF_BRDN_AMT)을, 국민건강보험공단은 심결 본인부담금(EDC_SBA)을 제공하는데, 변수명만 다를 뿐 동일한 변수이다.

### 보험자부담금(RVD_INSUP_BRDN_AMT) 또는 심결 보험자부담금(EDC_INSUR_BRDN_AMT)

보험자부담금은 요양기관에서 청구한 명세서를 심사하여 최종적으로 결정된 총 요양급여 비용 중에서 보험자가 부담하는 금액을 의미한다. 건강보험심사평가원은 보험자부담금(RVD_INSUP_BRDN_AMT)을, 국민건강보험공단은 심결 보험자 부담금(EDC_INSUR_BRDN_AMT)을 변수명으로 사용한다.

### 심결 가산율(EDC_ADD_RT)

심결 가산율은 요양기관의 종별 규모에 따라 시설, 인력, 장비 등의 투자 비용 등을 고려하여 가산되는 비율을 의미한다. 국민건강보험공단에서만 심결 가산율(EDC_ADD_RT)을 제공하며, 요양급여비용총액 등은 가산율이 반영된 비용이다.

### 수술 여부(SOPR_YN 또는 OPRTN_YN)

진료 내역 중에서 환자의 수술 여부를 확인할 수 있는 변수로, 명세서 내에 수술 진료내역이 있으면 9로, 수술 진료 내역이 없으면 0으로 입력된다. 두 기관 모두 수술 여부를 제공한다(건강보험심사평가원: SOPR_YN, 국민건강보험공단: OPRTN_YN). 수술 여부는 연구 대상자를 선정 또는 제외하는 기준으로 활용되거나 과거력을 확인하는데 유용한 정보가 될 수 있다. 그러나, 이 변수에서 정의하는 수술이 연구 목적에 부합하는지 확인하는 과정이 필요하다. 수술 여부를 직접적으로 사용하기 보다는 연구 목적을 고려하여 수술 목록을 선정하고, 진료내역 테이블에서 해당 수술 여부를 확인하는 것이 적절하다.

### 공상 구분(OINJ_TP_CD 또는 OFIJ_TYPE)

공상 구분은 공무상 상해(공상) 및 보훈, 군인, 차상위 희귀질환자 등에 해당되어 진료비 감면이 적용되는 대상자를 구분한다. 건강보험심사평가원(OINJ_TP_CD)과 국민건강보험공단(OFIJ_TYPE)은 공상 구분 변수를 제공하며, 영문 변수명만 다르다. 공상 구분은 0~9, B, C, D, E, F, G, H로 구분된다.

**공상 구분 코드 및 설명**

| 구분 | 설명 | 구분 | 설명 |
|---|---|---|---|
| 0 | 정산 건(무) | B | 보훈병원의 국비일반(상이처, 무자격자) 또는 국비보험(급여) 1차 |
| 1 | 공상건(공교 공단) | C | 차상위 희귀질환/중증난치질환 또는 중증질환 본인부담 경감 대상자 |
| 3 | 보훈 감면 30%(광주민주유공자) | D | 보훈병원의 국비보험(급여) 2차 |
| 4 | 보훈 위탁진료 요양기관의 보훈 국비환자 (건강보험 또는 의료급여 수급권자) | E | 차상위 만성질환, 18세 미만 본인부담 경감 대상자 |
| 5 | 보훈 감면 환자(50%) | F | 차상위 장애인 만성질환, 18세 미만 본인부담 경감 대상자 |
| 6 | 보훈 감면 환자(60%) | G | 긴급복지 의료지원 대상자 |
| 7 | 보훈 위탁 진료 요양기관의 보훈 국비환자 (상이처, 무자격자) | H | 희귀난치성질환 지원 대상자 |
| 8 | 군인 가족, 예비역 장군 및 대령, 창군 및 6.25 참전요원의 군 대상 | | |
| 9 | 군인, 군무원 대상 | | |

### 특정 기호(PRCL_SYM_TP_CD 또는 SPCF_SYM_TYPE)

특정 기호는 본인 일부부담금 산정특례에 관한 기준과 관련된 변수이다. 건강보험심사평가원은 특정 기호(PRCL_SYM_TP_CD)를, 국민건강보험공단은 특정 기호 구분(SPCF_SYM_TYPE)을 제공한다. 특정 기호는 진료비 지불과 직접적으로 관련된 변수라는 점에서 건강보험청구자료에서 상병의 부정확성을 보완할 수 있는 정보이다. 즉, 임상적 최종 진단을 받아 산정 특례를 받으면 특정 기호가 입력되므로 상병과 함께 환자를 선정하는 기준으로 사용할 수 있다. 예를 들어, 위암 환자를 대상으로 분석할 경우 상병코드인 C16.x(위의 악성 신생물)만 사용하여 환자를 정의하기 보다는 상병과 특정 기호(V193)[8]가 있는 경우로 정의하면 환자 선정의 민감도(sensitivity)를 높일 수 있다. 특정 기호는 희귀질환을 대상으로 발생률과 유병률 등을 산출하는 역학 연구에서 유용하게 사용할 수 있다. 특정 기호의 세부 사항은 부록에 제시하였다.

### 상해외인 구분(INJ_EXA_TP_CD 또는 IOPF_TYPE_CD)

상해외인 구분은 명세서 특정내역 구분코드(MT001, 상해외인)[9]의 세부 내용으로, KCD 중에서 분류 기호의 영문 첫 자리(V, W, X, Y) 또는 특정 입원 기간 중에 발생한 타 진료분 등을 구분한다. 건강보험심사평가원은 INJ_EXA_TP_CD로, 국민건강보험공단은 IOPF_TYPE_CD로 영문 변수명을 사용한다.

**상해외인 구분코드**

| 한국표준질병·사인분류 중에서 분류 기호의 영문 첫 자리(V, W, X, Y) | 특정 입원 기간 중에 발생한 타 진료분 |
|---|---|
| V01 자전거와 충돌로 다친 보행자<br>V02 이륜 또는 삼륜자동차와 충돌로 다친 보행자<br>W00 얼음 또는 눈에 의한 동일 면상에서의 낙상<br>W01 미끄러짐, 걸림 및 헛디딤에 의한 동일 면상에서의 낙상 | C: 양방과 한방이 모두 개설된 요양기관에서 양(한)방 입원 진료 중 한(양)방 협의 진료<br>D: 기왕증<br>E: 의료급여 정신과 환자 진료<br>F: 등록 암(V193), 개두술(V191), 개심술(V192) 환자가 동일 입원 기간 중 타 상병 진료 |

8 산정특례 대상으로 등록된 암환자가 등록일로부터 5년간 해당 상병(C00~C97, D00~D09, D32~D33, D37~D48)으로 진료를 받은 경우

9 특정 진료 내역 및 청구 내역에 대한 추가적인 기술사항 등을 기재한 코드로, 연구자에게는 제공되지 않는다.

### 진료결과(DGRSLT_TP_CD) 또는 진료결과 구분(MCARE_RSLT_TYPE)

이 변수는 요양급여 명세서의 최종 진료일을 기준으로 환자 상태를 구분한 변수로, 계속, 이송, 회송, 사망, 퇴원 또는 외래 치료 종결로 구성된다. 두 기관은 변수명만 다르고 동일한 의미의 진료결과 변수를 제공한다(건강보험심사평가원: DGRSLT_PT_CD, 국민건강보험공단: MCARE_RSLT_TYPE). 진료결과는 진료비 심사 시 참고 자료로 활용되고, 결측률이 높아 진료결과가 과소 추계될 가능성이 있다. 따라서, 진료결과를 그대로 사용하기 보다는 요양급여 명세서를 분석 단위로 전환[10]하고, 그 결과에 따라 계속, 이송, 퇴원을 구분하는 것이 적절하다고 할 수 있다. 국민건강보험공단은 사망 여부를 확인할 수 있는 사망 테이블을 제공하는 반면에 건강보험심사평가원은 사망 여부를 확인할 수 있는 테이블을 제공하지 않는다.

**진료 결과 코드 및 설명**

| 코드 | 구분 | 설명 |
|---|---|---|
| 1 | 계속 | 최종 진료일 당시 입원 중이거나 계속 내원이 예정된 경우 |
| 2 | 이송 | 다른 요양기관에 진료를 의뢰한 경우 |
| 3 | 회송 | 진료를 의뢰한 요양기관 또는 1단계 요양기관으로 보낸 경우 |
| 4 | 사망 | 요양기관 내에서 사망한 경우 |
| 5 | 기타 | |
| 9 | 퇴원 또는 외래 치료 종결 | 이송, 회송, 사망에 해당되지 않은 퇴원 또는 계속 내원이 필요하지 않아 외래 진료가 종결된 경우 |

### 입원도착 경로(IPAT_ARIV_PTH_TP) 또는 입원경로 구분(HSPTZ_PATH_TYPE)

이 변수는 병원급 이상 환자의 명세서에 기록되는 변수로, 요양기관에 도착한 경로를 반영하는 1자리와 입원한 경로를 의미하는 1자리, 총 2자리로 구성된다. 예를 들어, 환자가 타 요양기관을 경유하고, 응급실을 통해 입원했다면 11로 입력된다. 입원도착 경로는 두 기관 모두 제공하며, 변수명만 다르다(건강보험심사평가원: IPAT_ARIV_PTH_TP, 국민건강보험공단: HSPTZ_PATH_TYPE). 입원경로는 환자 상태를 반영하는 변수로, 응급 여부를 확인할 수 있다. 그러나, 입원도착 경로는 진료비

---

10 입원 명세서의 요양개시일자와 종료일자를 고려하여 입원 에피소드를 구축하며, 입원 에피소드 구축에 대한 상세한 내용은 "5장. SAS 프로그래밍" 참고

심사 시 참고자료로 활용되고, 결측률이 높다는 제한점이 있다. 따라서, 입원도착 경로를 사용하여 응급 여부를 확인하기 보다는 진료내역 테이블에 입력된 응급의료관리료[11] 청구 여부를 함께 고려하여 응급 여부를 확인할 수 있다. 즉, 입원경로가 응급실이거나 응급의료관리료가 청구되었다면 응급으로 조작적으로 정의할 수 있다.

**입원도착 경로 코드 및 설명**

| 자리별 의미 | | |
|---|---|---|
| | 코드 | 설명 |
| 첫째 자리(도착경로) | 1 | 타 요양기관 경유 |
| | 2 | 응급구조대 후송 |
| | 3 | 기타 |
| 둘째 자리(입원경로) | 1 | 응급실 |
| | 2 | 외래 |

| 코드 설명 | |
|---|---|
| 코드 | 설명 |
| 11 | 타 요양기관을 경유하여 응급실 진료 |
| 12 | 타 요양기관을 경유하여 외래 진료 |
| 21 | 응급구조대 후송으로 응급실 진료 |
| 22 | 응급구조대 후송으로 외래 진료 |
| 31 | 기타 경로로 응급실 진료 |
| 32 | 기타 경로로 외래 진료 |

## 의료급여 종별(MAIDCL_CD)

의료급여 종별은 건강보험심사평가원에서만 제공하며, 의료급여 1종, 2종, 행려 등으로 구분된다.

**의료급여 종별 코드 및 설명**

| 코드 | 구분 |
|---|---|
| 1 | 1종 |
| 2 | 2종 |
| 4 | 행려 |
| 6 | 2종 의료급여 수급자 장애인의 2차 진료 |
| 8 | 2종 의료급여 장애인의 1차 진료 |

11 「응급의료에 관한 법률」에 의한 응급의료기관이 응급실에서 응급환자 또는 응급실에 내원한 환자에게 응급처치 및 응급의료를 행한 경우에는 초일에 한하여 응급의료관리료를 산정한다.

## 청구 구분(DMD_TP_CD)

청구 구분은 명세서가 일반 청구, 보완 청구, 추가 청구, 분리 청구에 해당되는지를 확인하는 변수로, 건강보험심사평가원에서만 제공한다. 건강보험심사평가원은 요양기관이 청구한 명세서로 진료비 심사를 진행할 수 없으면(심사 불능) 요양기관에 보완 청구를 요청하고, 요양기관에서 진료 내역의 일부를 누락하여 청구했다면 누락된 내역을 추가 청구할 수 있다. 외래 명세서는 일(day) 단위로 작성되는 반면에 입원 명세서는 월(month) 단위로 작성된다. 예를 들어, 3월 25일 입원하여 4월 3일 퇴원을 했다면 입원 명세서는 3월 25일~3월 31일, 4월 1일~4월 3일로 구분하여 2건의 명세서로 분리 청구된다.

**청구 구분 코드 및 설명**

| 코드 | 설명 | 코드 | 설명 |
|---|---|---|---|
| 0 | 일반 청구 | 5 | 본인부담금 상한액 보완 청구 |
| 1 | 보완 청구 | 6 | 본인부담금 상한액 추가 청구 |
| 2 | 추가 청구 | 7 | 본인부담금 상한액 분리 청구 |
| 3 | 분리 청구 | 8 | 약제상한차액 추가청구 |
| 4 | 본인부담금 상한액 일반 청구 | 9 | 신포괄정산(환수) 후 재청구 구분 |

## 진료 대상자 구분(DGTGTP_TP_CD)

진료 대상자 구분은 장기 요양, 신포괄 적용, 호스피스 정액 입원 등으로 구분하는 변수로, 건강보험심사평가원에서만 제공한다.

**청구 구분 코드 및 설명**

| 코드 | 설명 | 코드 | 설명 |
|---|---|---|---|
| 9 | 무료 진료 | D | 권역외상센터(입원) |
| A | 장기 요양 | E | 권역외상센터(외래) |
| P | 신포괄 | I | 어린이 재활의료기관 지정 운영 시범사업(입원) |
| B | 호스피스 정액 입원(의과) | F | 한방 첩약(외래) |
| C | 가정형 호스피스 | G | 한방 첩약(약국) |
| R | 재활의료기관(입원) | $ | 해당사항 없음 |

### 심결 DRG번호(EDC_DRG_NO)

심사가 완료되어 최종 결정된 DRG(Diagnosis Related Group) 번호를 의미하며, 국민건강보험공단에서만 제공한다. 한국형 입원환자분류체계(Korean Diagnosis Related Group, KDRG)는 의치과 입원 환자를 상병과 수 · 시술 등을 이용하여 자원 소모나 임상적 측면에서 유사한 그룹으로 분류한 체계로, 건강보험심사평가원에서 발간하는 KDRG분류집에서 세부적인 코드를 확인할 수 있다.

2

# 진료내역 테이블

진료내역 테이블은 요양기관 내에서 환자에게 제공한 검사, 수 · 시술, 의약품 등 의료 서비스 내역을 포함한다. 단, 외래에서 처방된 의약품 내역은 처방전 교부상세 내역 테이블에서 확인할 수 있다. 진료내역 테이블은 long form으로 데이터가 입력되어 있어 1개 이상의 동일한 명세서 고유번호(공통키)가 입력된다.

**진료 내역 테이블 변수명**

| 번호 | 건강보험심사평가원(T300) | | 국민건강보험공단(T30) | |
|---|---|---|---|---|
| | 한글 변수명 | 영문 변수명 | 한글 변수명 | 영문 변수명 |
| 1 | 명세서 고유번호 | MID | 공통키 | CMN_KEY |
| 2 | 수진자 고유번호 | JID | | |
| 3 | 항목코드 | CZ_ITEM_CD | 명세서 항코드 | CLA_CD |
| 4 | | | 명세서 목코드 | ITEM_CD |
| 5 | 분류코드 구분 | DIV_TY_CD | 분류유형코드 | CLSF_PTTN_CD |
| 6 | 분류코드 | DIV_CD | 분류코드 | MCARE_DIV_CD_ADJ |
| 7 | 1회 투약량 | FQ1_MDCT_QTY | 1회 투약량 | TIME1_MDCT_CPCT |
| 8 | 1일 투약량 | DY1_MDCT_QTY | | |
| 9 | 1일 투여량 또는 실시횟수 | DY1_INJC_QTY _EXEC_FQ | 1일 투여량 또는 실시횟수 | DD1_MQTY_FREQ |
| 10 | 총 투여일수 또는 실시횟수 | TOT_INJC_DDCNT _EXEC_FQ | 총 투여일수 또는 실시횟수 | TOT_MCNT |
| 11 | 총 사용량 또는 실시횟수 | TOT_USE_QTY _OR_EXEC_FQ | | |
| 12 | | | 약제상한차액 | MDCN_UD |
| 13 | 단가 | UNPRC | | |
| 14 | 금액 | AMT | | |
| 15 | 가산적용금액 | ADDC_ADT_AMT | | |
| 16 | 약효분류번호 | MEFT_DIV_NO | 약효분류번호 | EFMDC_CLSF_NO |
| 17 | | | 진료비 구분코드 | MCEXP_TYPE_CD |
| 18 | 진료예외구분 | EXP_TP_CD | | |

### 명세서 고유번호(MID) 또는 공통키(CMN_KEY)

명세서 일반 테이블, 진료내역 테이블, 처방전 교부상세내역 테이블, 상병내역 테이블을 연계하는 변수이다. 진료내역 테이블은 1개 이상의 동일한 명세서 고유번호(공통키)가 데이터에 기록된다. 따라서, 명세서 일반 테이블과 연계하기 위해서는 진료내역 테이블을 1개의 명세서 고유번호(공통키)로 데이터를 축소해야 한다. 예를 들어, A 검사를 받은 명세서를 확인하기 위해서는 분류코드에서 A 검사를 받은 내역이 있으면 1로, 없으면 0으로 입력되는 A검사 여부 변수를 생성한다. 건강보험심사평가원은 명세서 고유번호(MID)를, 국민건강보험공단은 공통키(CMN_KEY)를 사용한다.

| 명세서 고유번호 | 분류코드 |
|---|---|
| 123456789 | A |
| 123456789 | B |
| 123456789 | A |
| 203450780 | C |
| 203450780 | A |
| 313151711 | D |
| 313151711 | B |

→

| 명세서 고유번호 | A검사 여부 |
|---|---|
| 123456789 | 1 |
| 203450780 | 1 |
| 313151711 | 0 |

진료 내역 명세서 정리 과정

### 수진자 고유번호(JID)

환자의 주민등록번호를 비식별화한 변수로, 건강보험심사평가원에서만 수진자 고유번호를 제공한다. 국민건강보험공단은 수진자 고유번호를 제공하지 않는다. 만약 특정 수술을 받은 환자의 사망 여부를 분석한다면 진료내역 테이블(수술 환자 선정)과 청구 명세서 테이블을 먼저 연계하여 개인식별ID를 확인하고, 사망 테이블의 개인식별ID와 연계하여 사망 여부를 확인해야 한다.

## 항목 코드(CZ_ITEM_CD) 또는 명세서 항코드(CLA_CD)/명세서 목코드(ITEM_CD)

항 코드는 진료 내용을 분류한 것으로, 진찰료, 입원료, 투약료, 주사료 등으로 구분되며, 목 코드는 각 항에 대한 세부적인 내용으로 구성된다. 건강보험심사평가원은 항코드와 목코드를 결합[12]한 항목 코드(CZ_ITEM_CD)를, 국민건강보험공단은 명세서 항코드(CLA_CD)와 명세서 목코드(ITEM_CD)를 분리하여 각각 제공[13]한다.

**항목 코드 및 설명**

| 항코드 | | 목코드 | | | |
|---|---|---|---|---|---|
| 코드 | 설명 | 코드 | | | |
| 01 | 진찰료 | 코드 | 설명 | | |
| | | 01 | 초진 | | |
| | | 02 | 재진 | | |
| | | 03 | 응급 및 회송료 등 | | |
| 02 | 입원료 | 코드 | 설명 | 코드 | 설명 |
| | | 01 | 일반 | 05 | 신생아(분만관리료) |
| | | 02 | 내과질환자, 정신질환자, 만 8세 미만의 소아 | 10 | 기본 식대 |
| | | 03 | 중환자실 | 11 | 가산 식대 |
| | | 04 | 격리실 | 99 | 기타 |
| 03 | 투약료 | 코드 | 설명 | 코드 | 설명 |
| | | 01 | 내복 | 03 | 처방전 |
| | | 02 | 외용 | 99 | 기타 |
| 04 | 주사료 | 코드 | 설명 | 코드 | 설명 |
| | | 01 | 피하, 근육 내 | 05 | 특정 재료 |
| | | 02 | 정맥 내 | 99 | 기타 |
| | | 03 | 수액제 | | |
| 05 | 마취료 | 01: 마취 | | | |
| 06 | 이학요법료 | 01: 이학요법 | | | |
| 07 | 정신요법료 | 01: 정신요법 | | | |
| 08 | 처치 및 수술료 | <의과> | | | |
| | | 코드 | 설명 | 코드 | 설명 |
| | | 01 | 처치 및 수술 | 03 | 캐스트 |

12 항코드(2)+목코드(2)+숫자 '1'(한방 제외) 또는 '2'(한방)

13 한방 명세서는 항목 코드가 다르므로 "요양급여비용 청구방법, 심사청구서·명세서서식 및 작성요령" 참고

<table>
<tr><th colspan="2">항코드</th><th>목코드</th></tr>
<tr><th>코드</th><th>설명</th><th>코드</th></tr>
<tr><td></td><td></td><td><치과><table>
<tr><th>코드</th><th>설명</th></tr>
<tr><td>01</td><td>보통, 복조, 즉처, 지각과민, 치수절단, 즉발근충, 근관와동, 러버댐, 발수, 근치, 근충, 근관확대, 가압근충, 근관장측정, 후처치, 치석제거, 치주처치, 교합조정, 응급근관, 아말감연마, 치주낭측정, 보철물제거, 와동형성, 충전, 근관성형</td></tr>
<tr><td>02</td><td>절개, 치주소파, 치은박리, 치은절제발치</td></tr>
<tr><td>99</td><td>기타</td></tr>
</table></td></tr>
<tr><td>09</td><td>검사료</td><td><table>
<tr><th>코드</th><th>설명</th><th>코드</th><th>설명</th></tr>
<tr><td>01</td><td>자체 검사</td><td>02</td><td>위탁 검사</td></tr>
</table></td></tr>
<tr><td>10</td><td>영상진단 및 방사선치료료</td><td><table>
<tr><th>코드</th><th>설명</th><th>코드</th><th>설명</th></tr>
<tr><td>01</td><td>진단</td><td>02</td><td>치료</td></tr>
</table></td></tr>
<tr><td>L</td><td>요양병원, 호스피스 정액</td><td><table>
<tr><th>코드</th><th>설명</th><th>코드</th><th>설명</th></tr>
<tr><td>01</td><td>요양병원 정액수가</td><td>87</td><td>정신요법료</td></tr>
<tr><td>08</td><td>호스피스 정액수가</td><td>88</td><td>처치 및 수술료</td></tr>
<tr><td>81</td><td>진찰료</td><td>89</td><td>검사료</td></tr>
<tr><td>82</td><td>입원료</td><td>90</td><td>영상진단 및 방사선치료료</td></tr>
<tr><td>83</td><td>투약료</td><td>91</td><td>특수 장비</td></tr>
<tr><td>84</td><td>주사료</td><td>92</td><td>100분의 100 본인부담</td></tr>
<tr><td>85</td><td>마취료</td><td>93</td><td>비급여</td></tr>
<tr><td>86</td><td>이학요법료</td><td>94</td><td>기타</td></tr>
</table></td></tr>
<tr><td>S</td><td>특수장비</td><td><table>
<tr><th>코드</th><th>설명</th></tr>
<tr><td>01</td><td>CT</td></tr>
<tr><td>02</td><td>MRI</td></tr>
<tr><td>03</td><td>PET</td></tr>
<tr><td>04 또는 05</td><td>사용 유보</td></tr>
</table></td></tr>
<tr><td>T</td><td>특수재료 및 관련 행위료</td><td><table>
<tr><th>코드</th><th>설명</th><th>코드</th><th>설명</th></tr>
<tr><td>01</td><td>치료재료</td><td>02</td><td>진료행위</td></tr>
</table></td></tr>
<tr><td>A</td><td>100분의 50 본인부담</td><td rowspan="7"><table>
<tr><th>코드</th><th>설명</th></tr>
<tr><td>01</td><td>의약품</td></tr>
<tr><td>02</td><td>치료재료</td></tr>
<tr><td>03</td><td>진료 행위</td></tr>
</table></td></tr>
<tr><td>B</td><td>100분의 80 본인부담</td></tr>
<tr><td>D</td><td>100분의 30 본인부담</td></tr>
<tr><td>E</td><td>100분의 90 본인부담</td></tr>
<tr><td>U</td><td>건강보험(의료급여)<br>100분의 100 본인부담</td></tr>
<tr><td>V</td><td>보훈 등 100분의 100<br>본인부담</td></tr>
<tr><td>W</td><td>비급여</td></tr>
</table>

| 항코드 | | 목코드 | |
|---|---|---|---|
| 코드 | 설명 | 코드 | |
| | | 코드 | 설명 |
| X | 의료급여<br>정신건강의학과 정액 | 01 | 의료급여 정신질환 정액수가(외래, 낮병동, 입원, 외박 수가) |
| | | 02 | 투약 1일당 정액수가 |
| T1 | 특수재료(요루장루) | | |
| C | 특수촬영(CT) | | |
| M | 특수장비(MRI) | | |
| Z | 의료급여 혈액투석 정액 | | |

## 분류코드 구분(DIV_TY_CD) 또는 분류유형 코드(CLSF_PTTN_CD)

환자에게 제공된 의료 서비스를 수가, 약가, 치료재료 등으로 구분한 변수이다. 건강보험심사평가원은 분류코드 구분(DIV_TY_CD)을, 국민건강보험공단은 분류유형 코드(CLSF_PTTN_CD)를 제공한다. 분류코드 구분은 의 · 치과, 한방으로 구분된다.

**분류코드 구분 설명**

| 의치과 | | 한방 | |
|---|---|---|---|
| 코드 | 설명 | 코드 | 설명 |
| 1 | 수가(공상수가 포함) | A | 수가 |
| 2 | 준용 수가 | B | 준용 수가 |
| 3 | 보험등재약 | C | 약가 |
| 4 | 원료약, 조제(제제)약 | H | 치료재료 |
| 5 | 보험등재약의 일반(주성분)명 | | |
| 7 | 구 협약재료 | | |
| 8 | 치료재료 | | |

## 분류코드(DIV_CD) 또는 진료분류코드(MCARE_DIV_CD_ADJ)

분류코드는 수가, 약가, 치료재료에 대한 세부적인 코드이다. 수가는 기본코드(5자리)와 산정코드(3자리)를 합한 8자리로 구성된다(산정코드가 없으면 기본코드만으로 구성). 산정코드는 가산 또는 감산과 관련된 코드이며, 건강보험심사평가원에서 매년 발간하는 "건강보험요양급여비용"에서 확인할 수 있다. 수가코드를 분석에 적용할 때 유의할 사항은, 매년 수가코드가 갱신(update)되므로 수가코드의 변화가 있는지 확인해야 한다. 예를 들어, 2022년 건강보험요양급여비용에서 A코드를 확인하였으나, 2023년에 A코드가 삭제되고 A1, A2코드가 새롭게 생성될 수 있다. 건강보험심사평가원 요양기관업무포털(biz.hira.or.kr) 내 심사기준종합서비스에서 수가정보(행위)를 확인할 수 있다.

요양기관은 9자리 숫자로 구성된 건강보험약가코드를 명세서에 입력하지만, 건강보험심사평가원과 국민건강보험공단은 개인정보 등의 이유로 일반명코드(성분명)로 대체하여 제공된다. 일반명코드는 5자리 숫자와 3자리 문자(투여경로[14]+제형)로 구성되지만, 앞 4자리만 연구자에게 제공된다.[15] 앞 4자리가 동일하면 동일한 성분으로 간주[16]하여 분석할 수 있다. 건강보험심사평가원 요양기관업무포털(biz.hira.or.kr) 내 심사기준종합서비스에서 의약품 정보를 검색할 수 있다. 치료재료는 문자와 숫자를 조합한 8자리로 구성된다.

| 수가(행위) | | | | | | | |
|---|---|---|---|---|---|---|---|
| ① | ② | ③ | ④ | ⑤ | ⑥ | ⑦ | ⑧ |
| 기본 코드 | | | | | 산정코드 (가산/감산 적용) | | |

| 건강보험 약가코드 | | | | | | | | |
|---|---|---|---|---|---|---|---|---|
| ① | ② | ③ | ④ | ⑤ | ⑥ | ⑦ | ⑧ | ⑨ |
| 제약사 코드 | | | | 품목코드 | | | | 포장 단위 |

| 치료재료 | | | | | | | |
|---|---|---|---|---|---|---|---|
| ① | ② | ③ | ④ | ⑤ | ⑥ | ⑦ | ⑧ |
| 대분류 | | 중분류 | | | 소분류 | | |
| 용도 | 기능 | 형태, 재질, 규격, 사용부위, 사용방법 | | | 공급자 품명, 제조수입판매회사 등 | | |

| 일반명 코드 | | | | | | | | |
|---|---|---|---|---|---|---|---|---|
| ① | ② | ③ | ④ | ⑤ | ⑥ | ⑦ | ⑧ | ⑨ |
| 주성분 일련번호 | | | | 함량 일련번호 | | 투여 경로 | 제형 | |

**분류코드 구성**

## 1회 투약량(FQ1_MDCT_QTY 또는 TIME1_MDCT_CPCT)

1회 투약량은 1회에 환자에게 의약품을 투약한 양을 의미한다. 두 기관은 동일한 의미의 1회 투약량을 제공하며, 건강보험심사평가원은 FQ1_MDCT_QTY를, 국민건강보험공단은 TIME1_MDCT_CPCT를 사용한다.

14 A(내복제), B(주사제), C(외용제), D(기타)

15 특정 성분이 단일 제약회사에서 공급되면 성분명 4자리 미제공

16 앞 4자리만 제공하므로 용량, 제형, 투여경로 정보를 알 수 없고, 앞 4자리가 같지만 서로 다른 성분명을 가진 의약품도 있음

### 1일 투약량(DY1_MDCT_QTY)

1일 투약량은 1일 동안 환자에게 투약한 양을 의미하며, 건강보험심사평가원에서만 제공한다.

### 1일 투여량 또는 실시 횟수(DY1_INJC_QTY_EXEC_FQ 또는 DD1_MQTY_FREQ)

1일 실시 횟수 또는 한방을 제외한 의약품 및 처방내역 의약품은 1일 투여 횟수를 의미한다. 두 기관에서 모두 1일 투여량 또는 실시 횟수를 제공하며, 영문 변수명만 다르다(건강보험심사평가원: DY1_INJC_QTY_EXEC_FQ, 국민건강보험공단: DD1_MQTY_FREQ).

### 총 투여일수 또는 실시 횟수(TOT_INJC_DDCNT_EXEC_FQ 또는 TOT_MCNT)

의약품은 실제 투약 일수를, 검사 또는 수 · 시술은 실시횟수를 의미한다. 건강보험심사평가원(TOT_INJC_DDCNT_EXEC_FQ)과 국민건강보험공단(TOT_MCNT)은 영문 변수명만 다르고 동일한 의미의 총 투여일수 또는 실시 횟수를 제공한다.

### 총 사용량 또는 실시 횟수(TOT_USE_QTY_OR_EXEC_FQ)

이 변수는 1회 투약량 × 1일 투여(실시) 횟수 × 총 투여일수 또는 실시횟수로 산출되며, 건강보험심사평가원에서만 제공한다.

### 약제상한차액(MDCN_UD)

약제의 상한가와 요양기관이 구입한 단가와의 차액 중 100분의 70에 해당하는 금액을 의미하며, 국민건강보험공단에서만 제공한다.

### 단가(UNPRC)

건강보험심사평가원에서만 제공되는 변수이다. 검사, 수 · 시술 등은 상대가치점수표상의 점수에 점수당 단가를 곱하여 10원 미만은 4사5입한 금액을 입력한다. 약가, 치료재료, 원료약 등은 "약제 및 치료재료의 비용에 대한 결정기준"에 따른 단가를 원미만은 4사5입하여 입력하고, 단가가 1원 미만인 경우에는 1원으로 입력한다.

### 금액(AMT)

단가 × 1회 투약량 × 1일 투여(실시)횟수 × 총투여 일수 또는 실시횟수로 산출된다.

### 가산적용금액(ADDC_ADT_AMT)

가산적용금액은 요양기관 종별 가산율을 적용한 금액이다. 요양기관 종별 가산율은 상급종합병원 30%, 종합병원 25%, 병원 20%, 의원 15%이다. 이 변수는 건강보험심사평가원에서만 제공한다.

### 약효분류번호(MEFT_DIV_NO 또는 EFMDC_CLSF_NO)

이 변수는 보험등재약의 효능별 분류번호에 해당되며, 두 기관에서 모두 제공한다(건강보험심사평가원: MEFT_DIV_NO, 국민건강보험공단: EFMDC_CLSF_NO). 약효분류번호는 부록에 제시하였다.

### 진료비 구분코드(MCEXP_TYPE_CD)

진료비를 기본 진료료(1), 진료 행위료(2), 약품비(3), 치료재료료(4), 정액 수가(5)로 분류한 변수로, 국민건강보험공단에서만 제공한다.

### 진료예외 구분(EXP_TP_CD)

이 변수는 의약분업 예외 사항에 해당되어 원내 조제투약이 이루어진 경우에 입력되며, 건강보험심사평가원에서만 제공한다. 세부적인 코드 설명은 다음과 같다.

**진료예외 구분 코드 설명**

| 구분 | 코드 | 예 외 사 유 |
|---|---|---|
| | 00 | 해당사항 없음 |
| 지역 | 01 | 약국이 없는 지역, 재해발생지역, 보건기관 중 예외기관 |
| 환자 | 11 | 응급환자 |
| | 13 | 「정신보건법」에 따른 정신요양시설에 수용 중인 정신질환자 및 조현병·조울증 등 자신 또는 타인을 해할 우려가 있는 정신질환자 |
| | 15 | 「감염병의 예방 및 관리에 관한 법률」에 따른 제1군 감염병 환자 |

| 구분 | 코드 | 예 외 사 유 |
|---|---|---|
| | 17 | 국가유공자 등 예우 및 지원에 관한 법령에 따른 상이등급 1급부터 3급 해당자까지에 해당하는 자, 「5·18민주 유공자 예우에 관한 법률」에 따른 5·18 민주화 운동 부상자 중 장해등급 1급부터 4급까지에 해당하는 자 |
| | 19 | 장애인복지 관련 법령에 따른 1급·2급 장애인 및 이에 준하는 장애인<br>「장애인복지법」에 따른 1급·2급 장애인 및 중증 장애인 보호자와 동반한 소아 환자, 고엽제 후유의증환자 지원 등에 관한 법령에 따른 고도 장애인 |
| | 21 | 파킨슨병 환자, 한센병 환자 |
| | 23 | 장기이식을 받은 자에 대하여 이에 관련된 치료를 하거나 후천성 면역결핍증 환자에 대하여 해당 질병을 치료하기 위하여 조제하는 경우 |
| | 25 | 「사회복지사업법」에 따른 사회복지시설 입소자 |
| | 27 | 가정간호대상자, 방문 보건 의료사업 대상자 |
| | 29 | 협진(한양방, 양한방, 양양방)환자 |
| | 31 | 「형의 집행 및 수용자의 처우에 관한 법률」 및 「군에서의 형의 집행 및 군수용자의 처우에 관한 법률」에 따른 교정시설, 「보호소년 등의 처우에 관한 법률」에 따른 보호소년 수용시설, 「치료감호법」에 따른 치료감호시설 수용자 |
| 약품 | 41 | 감염병 예방 접종약, 진단용 의약품 |
| | 43 | 보건소, 보건지소, 결핵협회 부속 의원에서 「결핵예방법」에 따라 결핵치료제를 투여하는 경우 |
| | 45 | 의료기관 조제실 제제·임상시험용 의약품·마약·방사성의약품·신장투석액 및 이식정 등 투약을 위하여 기계·장치를 이용하거나 시술이 필요한 의약품·식품의약품안전청장이 정하는 희귀의약품 |
| | 47 | 6세 이하의 소아에게 투약하는 항암제(경구) |
| | 52 | 주사제를 원내 투약하는 경우 |
| | 55 | 검사를 위하여 필요하거나 수술 및 처치에 사용하는 의약품 |
| | 57 | 예외 약제와 동시 투여하는 약제 |
| 기타 | 61 | 국군의료시설, 경찰병원 또는 중앙소방전문치료센터에서 그 업무 수행으로서 군인 환자, 경찰 환자·소방공무원인 환자에 대하여 조제하는 경우 등 |

# 3

# 상병내역 테이블

상병내역 테이블은 환자의 모든 상병 내역을 포함한다. 건강보험청구자료 분석에서 상병은 주로 3가지 목적으로 활용된다. 첫째, 연구 대상자를 선정할 때 사용된다. 연구 대상자는 주상병 또는 부상병을 사용하여 정의되며, 부상병보다 주상병이 상병 정확성이 높기 때문에 주상병만 사용하기도 한다. 의약품 처방, 검사/수 · 시술 실시 여부와 연계하여 연구 대상을 선정하는 경우에는 상병의 범위를 부상병으로 확대하기도 한다. 둘째, 연구 대상자의 과거력 또는 동반질환을 확인하는 목적으로 활용된다. 과거력 또는 동반질환은 환자 상태를 반영하는 변수라는 점에서 교란 요인(confounder)으로 활용되거나 관심 변수로 고려된다. 마지막으로 합병증 발생과 같이 건강 결과(health outcome)를 확인하는데 활용된다. 상병내역 테이블은 여러 개의 동일한 명세서 고유번호(또는 공통키)를 갖는 long-form으로 데이터가 구성된다.

**상병 내역 테이블 변수명**

| 번호 | 건강보험심사평가원(T400) | | 국민건강보험공단(T40) | |
|---|---|---|---|---|
| | 한글 변수명 | 영문 변수명 | 한글 변수명 | 영문 변수명 |
| 1 | 명세서 고유번호 | MID | 공통키 | CMN_KEY |
| 2 | 수진자 고유번호 | JID | | |
| 3 | 상병일련번호 | SICK_SNO | | |
| 4 | 상병코드 | SICK_CD | 상병기호 | MCEX_SICK_SYM |
| 5 | 상병 분류코드 | SICK_TY_CD | 상병 분류구분코드 | SICK_CLSF_TYPE |
| 6 | 내과세부전문과목 | IFLD_DTL_SPC_SBJT_CD | 상세전문과목코드 | DETAIL_TMSG_SUBJ_CD |
| 7 | | | 특정 기호구분 | SPCF_SYM_TYPE |

### 명세서 고유번호(MID) 또는 공통키(CMN_KEY)

이 변수는 명세서 일반 테이블, 진료내역 테이블, 처방교부상세내역 테이블, 상병내역 테이블을 연계하는 변수이다. 상병내역 테이블은 1개 이상의 동일한 명세서 고유번호(공통키)가 포함된다.

### 수진자 고유번호(JID)

환자의 주민등록번호를 비식별화한 변수이다. 건강보험심사평가원에서만 수진자 고유번호를 제공한다. 국민건강보험공단은 수진자 고유번호를 제공하지 않아, 만약 상병내역 테이블에서 환자를 선정하고, 이 환자의 보험료를 분석한다면 상병내역 테이블과 청구명세서 테이블을 공통키(CMN_KEY)를 기준으로 연계하여 개인식별ID를 확인하고, 자격 및 보험료 테이블의 개인식별ID와 연계하여 보험료를 확인할 수 있다.

### 상병일련번호(SICK_SNO)

상병일련번호는 하나의 요양급여 명세서에 여러 개의 상병이 입력된 경우에 부여되는 일련번호로, 건강보험심사평가원에서만 제공한다. 주상병은 상병일련번호가 1이며, 부상병은 2부터 순차적으로 입력된다.

### 상병코드(SICK_CD) 또는 상병기호(MCEX_SICK_SYM)

상병은 한국표준질병 · 사인분류코드(KCD)에 따라 입력된다. 건강보험심사평가원은 상병코드(SICK_CD)를, 국민건강보험공단은 상병기호(MCEX_SICK_SYM)를 사용한다. KCD는 질병분류정보센터(koicd.kr) 내 한국표준질병 · 사인분류코드에서 확인할 수 있다. KCD는 영문자+숫자 형식의 6자리로 구성되고, 첫 번째 자리는 대문자 영문으로 입력된다. 자세한 내용은 명세서 일반 테이블의 주상병과 부상병에 대한 설명을 참고하길 바란다.

| 자릿수 | ① | ② | ③ | ④ | ⑤ | ⑥ |
|---|---|---|---|---|---|---|
| 코드<br>부여방법 | 대분류 | 중분류 | 소분류<br>3단위 | 세분류<br>4단위 | 세세분류<br>5단위 | 세세세분류<br>6단위 |

상병 코드 구성

### 상병분류코드(SICK_TY_CD) 또는 상병분류구분코드(SICK_CLSF_TYPE)

이 변수는 주상병과 부상병을 구분하는 코드로, 주상병은 1, 부상병은 2로 입력되며, 배제 상병은 3으로 입력된다. 건강보험심사평가원은 상병분류코드(SICK_TY_CD)를, 국민건강보험공단은 상병분류구분코드(SICK_CLSF_TYPE)를 사용한다.

### 내과세부전문과목(IFLD_DTL_SPC_SBJT_CD) 또는 상세전문과목코드(DETAIL_TMSG_SUBJ_CD)

내과 세부전문과목을 운영하는 상급종합병원과 종합병원은 환자가 진료받은 세부전문과목을 입력하고, 세부전문과목이 2개 이상인 경우 상병별로 모두 기재한다. 두 기관에서 모두 내과 세부전문과목을 제공하고, 변수명만 다르다(건강보험심사평가원: IFLD_DTL_SPC_SBJT_CD, 국민건강보험공단: ETAIL_TMSG_SUBJ_CD).

내과세부전문과목 코드

| 코드 | 설명 | 코드 | 설명 |
|---|---|---|---|
| 00 | 내과 통합 | 07 | 감염내과 |
| 01 | 소화기 내과 | 08 | 알레르기 내과 |
| 02 | 순환기 내과 | 09 | 류마티스 내과 |
| 03 | 호흡기 내과 | 10 | 산부인과 |
| 04 | 내분비대사 내과 | 11 | 소아감염 |
| 05 | 신장 내과 | 12 | 소아내분비 |
| 06 | 혈액종양 내과 | 99 | 해당사항없음 |

### 특정 기호구분(SPCF_SYM_TYPE)

특정 기호는 본인 일부부담금 산정특례에 관한 기준과 관련된 변수이다. 건강보험심사평가원과 국민건강보험공단은 명세서 일반 테이블에서 이 변수를 제공하고 있으며, 국민건강보험공단은 상병내역 테이블에서 이 변수를 추가적으로 제공한다. 특정 기호에 대한 코드는 부록에 제시하였다.

4

# 처방전 교부상세내역 테이블

이 테이블은 외래 진료에서 처방된 의약품 데이터로, 건강보험심사평가원은 처방전 상세내역(T530), 국민건강보험공단은 처방전 교부상세(T60) 테이블을 제공한다. 의약품 외래 처방 내역은 고혈압, 당뇨병 등 만성질환자의 복약 지속성 연구와 장기 처방, 다제 복용 등 약제 처방 현황을 분석할 때 사용된다. 그러나, 처방전 교부 내역이므로 환자가 실제로 약국에서 처방전대로 의약품을 조제받았는지는 확인할 수 없으며, 이는 약국에서 청구한 명세서로 확인해야 한다. 또한 환자가 실제로 복용했는

**처방교부 상세내역 테이블 변수명**

| 번호 | 건강보험심사평가원(T530) | | 국민건강보험공단(T60) | |
|---|---|---|---|---|
| | 한글 변수명 | 영문 변수명 | 한글 변수명 | 영문 변수명 |
| 1 | 명세서 고유번호 | MID | 공통키 | CMN_KEY |
| 2 | 수진자 고유번호 | JID | | |
| 3 | | | 진료내역 줄번호 | MCARE_DESC_LN_NO |
| 4 | 분류코드 구분 | DIV_TY_CD | 분류유형코드 | CLSF_PTTN_CD |
| 5 | 분류코드 | DIV_CD | 분류코드 | MCARE_DIV_CD |
| 6 | 1회 투약량 | FQ1_MDCT_QTY | 1회 투약량 | MPRSC_TIME1_TUYAK_CPCT |
| 7 | | | 1일 투약량 | MPRSC_DD1_TUYAK_CPCT |
| 8 | 1일 투여횟수 | DY1_MDCT_QTY | | |
| 9 | 총 투여일수 | TOT_INJC_DDCNT_EXEC_FQ | 총 투여일수 또는 실시횟수 | TOT_MCNT |
| 10 | 총 사용량 | TOT_USE_QTY_OR_EXEC_FQ | | |
| 11 | 단가 | UNPRC | | |
| 12 | 금액 | AMT | | |
| 13 | 약효분류번호 | MEFT_DIV_NO | 약효분류번호 | EFMDC_CLSF_NO |

지를 파악할 수 없어 복약 순응도 연구 결과 해석 시 주의가 필요하다. 처방전 교부상세내역 테이블은 1개 이상의 동일한 명세서 고유번호(공통키)를 갖는 long-form으로 데이터가 구성된다.

### 명세서 고유번호(MID) 또는 공통키(CMN_KEY)

명세서 일반 테이블, 진료내역 테이블, 처방교부상세내역 테이블, 상병내역 테이블을 연계하는 변수이다. 처방전 교부상세내역 테이블은 1개 이상의 동일한 명세서 고유번호(공통키)가 데이터에 입력된다.

### 수진자 고유번호(JID)

환자의 주민등록번호를 비식별화한 변수이다. 건강보험심사평가원에서만 수진자 고유번호를 제공한다. 국민건강보험공단은 수진자 고유번호를 제공하지 않아, 만약 특정 의약품을 처방받은 환자의 사망 여부(또는 자격 및 보험료 수준)를 분석한다면 처방상세내역 테이블과 청구명세서 테이블을 공통키(CMN_KEY)로 연계하여 개인식별ID를 확인한 뒤 사망 테이블의 개인식별ID와 연계해야 한다.

### 줄번호(MCARE_DESC_LN_NO)

줄 번호는 처방전 발행 건에 대한 세부 내역에 대한 일련 번호로, 5개 약을 처방받았다면 1부터 5까지 번호가 입력된다. 이 변수는 국민건강보험공단에서만 제공한다.

### 분류코드 구분(DIV_TY_CD) 또는 분류유형 코드(CLSF_PTTN_CD)

환자에게 제공된 의료 서비스를 수가, 약가, 치료재료 등으로 구분한 것으로, 건강보험심사평가원은 분류코드 구분(DIV_TY_CD)을, 국민건강보험공단은 분류유형 코드(CLSF_PTTN_CD)를 사용한다. 진료내역 테이블은 검사, 수 · 시술, 의약품 등 원내에서 받은 의료 서비스로 구성되는 반면에 처방교부 상세내역 테이블은 외래 처방 의약품으로만 구성된다.

**분류코드 및 설명**

| 의치과 | | 한방 | |
|---|---|---|---|
| **코드** | **설명** | **코드** | **설명** |
| 1 | 수가(공상수가 포함) | A | 수가 |
| 2 | 준용 수가 | B | 준용 수가 |
| 3 | 보험등재약 | C | 약가 |
| 4 | 원료약, 조제(제제)약 | H | 치료재료 |
| 5 | 보험등재약의 일반(주성분)명 | | |
| 7 | 구 협약재료 | | |
| 8 | 치료재료 | | |

## 분류코드(DIV_CD) 또는 진료분류코드(MCARE_DIV_CD_ADJ)

처방전 교부상세테이블에서 분류코드 또는 진료분류코드는 9자리 숫자로 구성된 건강보험약가코드가 입력된다. 그러나, 개인정보 등의 이유로 연구자에게는 일반명코드로 대체하여 제공된다. 일반명코드는 5자리 숫자와 3자리 영문자(투여경로[17]+제형)로 구성된다. 일반명코드는 의약품을 대표하는 성분인 주성분코드를 의미하며, 앞 4자리(주성분 일련번호)가 동일하면 동일한 성분으로 간주할 수 있다.[18] 건강보험심사평가원 요양기관업무포털(biz.hira.or.kr) 내 심사기준종합서비스에서 의약품 정보를 검색할 수 있다.

| 건강보험 약가코드 | | | | | | | | |
|---|---|---|---|---|---|---|---|---|
| ① | ② | ③ | ④ | ⑤ | ⑥ | ⑦ | ⑧ | ⑨ |
| 제약사 코드 | | | | 품목코드 | | | | 포장 단위 |

| 일반명 코드 | | | | | | | | |
|---|---|---|---|---|---|---|---|---|
| ① | ② | ③ | ④ | ⑤ | ⑥ | ⑦ | ⑧ | ⑨ |
| 주성분 일련번호 | | | | 함량 일련번호 | | 투여 경로 | 제형 | |

**건강보험약가코드와 일반명코드 구성**

## 1회 투약량(FQ1_MDCT_QTY, TIME1_MDCT_CPCT)

1회에 환자에게 투약한 의약품 양을 의미한다. 두 기관에서 모두 1회 투약량을 제공한다(건강보험심사평가원: FQ1_MDCT_QTY, 국민건강보험공단: TIME1_MDCT_CPCT).

---

17 A(내복제), B(주사제), C(외용제), D(기타)

18 연구자에게 앞 4자리만 제공하므로 용량, 제형, 투여경로 정보를 알 수 없고, 앞 4자리가 같지만 서로 다른 성분명을 가진 의약품도 있음. 특정 성분이 단일 제약회사에서 공급되면 성분명 4자리 미제공

### 1일 투약량(DY1_MDCT_QTY)

1일 동안 환자에게 투약한 의약품 양을 의미하며, 국민건강보험공단에서만 제공한다.

### 1일 투여횟수(DY1_MDCT_QTY)

하루 동안 환자에게 투여되는 횟수를 의미하며, 건강보험심사평가원에서만 제공한다.

### 총 투여일수(TOT_INJC_DDCNT_EXEC_FQ) 또는 총 투여일수 또는 실시횟수(TOT_MCNT)

총 투여일수는 실 투약 일수를 의미한다. 건강보험심사평가원은 총 투여일수(TOT_INJC_DDCNT_EXEC_FQ)를, 국민건강보험공단 총 투여일수 또는 실시횟수(TOT_MCNT)를 사용한다.

### 총사용량(TOT_USE_QTY_OR_EXEC_FQ)

1회 투약량 × 1일 투여 횟수 × 총 투여일수로 산출되며, 건강보험심사평가원에서만 제공한다.

### 단가(UNPRC)

건강보험심사평가원에서만 제공하는 변수이다. "약제 및 치료재료의 비용에 대한 결정기준"에 따른 단가(상한가)를 원미만은 4사5입하여 입력하고, 단가가 1원 미만인 경우에는 1원으로 입력한다.

### 금액(AMT)

금액은 단가 × 1회 투약량 × 1일 투여 횟수 × 총투여 일수로 산출된다.

### 약효분류번호(MEFT_DIV_NO)

이 변수는 보험등재약의 효능별 분류번호에 해당되며, 약효분류번호는 부록에 제시하였다.

# 5

## 자격 및 보험료 테이블

국민건강보험공단은 건강보험 자격관리와 보험료 부과·징수 업무 과정에 수집한 자료를 사용하여 자격 및 보험료 테이블(BFC)을 제공한다. 이 테이블은 환자의 건강보험 자격과 보험료 등급 등을 포함한다. 건강보험심사평가원은 자격 및 보험료 자료가 없어 연구자에게 제공하지 않지만, 건강보험, 의료급여, 보훈 등 건강보험 자격을 명세서 일반 테이블에서 제공한다.

자격 및 보험료는 변동 사항이 발생할 때마다 갱신되므로 기준 년도(STD_YYYY)를 기준으로 연 단위로 데이터가 구축된다. 개인식별ID(INDI_DSCM_NO)는 청구명세서 테이블과 연계할 때 사용된다. 예를 들어, 청구명세서 테이블을 사용하여 2024년 입원 환자를 선정하고, 이 환자들의 보험료 정보를 확인하기 위해서는, 자격 및 보험료 테이블에서 기준 년도가 2024년인 자료를 추출하고, 개인식별ID를 기준으로 청구명세서 테이블과 자격 및 보험료 테이블을 결합한다. 건강보험심사평가원은 명세서 일반 테이블에서 성별과 연령을 제공하는 반면에 국민건강보험공단은 자격 및 보험료 테이블에서 성별(SEX_TYPE)과 출생연도(BYEAR)를 제공한다. 출생연도 변수는 연도(YYYY)만 기록되어 있어 요양개시일자의 연도와 비교하여 연령을 산출할 수 있지만, 정확한 만 연령을 산출할 수 없다. 반면에 건강보험심사평가원은 명세서 일반 테이블에서 요양개시일자를 기준으로 산출한 만 연령을 제공한다.

건강보험심사평가원은 건강보험, 의료급여, 보훈으로 구분된 보험자 구분(INSUP_TP_CD)을 제공하는 반면에 국민건강보험공단은 가입자 구분(GAIBJA_TYPE)을 제공한다. 가입자 구분은 건강보험과 의료급여를 구분하고, 건강보험은 직장보험과 지역보험, 그리고 세대주(가입자), 세대원(피부양자)로 세분화된다. 국민건강보험공단에서 제공하는 보험료 또는 보험료20분위는 환자의 사회경제적 수준을 반영하는 변수로 활용된다. 그러나, 직장보험과 지역보험은 보험료 부과방식이 상이하기 때문에 직장보험에서 보험료 상위 20%와 지역보험에서 보험료 상위 20%는 동일한 경제적 수준을 의미하지 않는다. 보험료 등급을 사회경제적 변수로 사용한 연구들은 대부분 직장보험과 지역보험을 구분하지 않고 보험료20분위(1~5등급)를 사용하는데, 이는 환자들의 상대적인 경제적 수준을 실질적으로 반영하지 못한다.

자격 및 보험료 테이블에서는 실거주 주소 코드(RVSN_ADDR_CD), 건강보험증에 등록된 인원수인 증인원 수(CNT_ID_HHHI_FD), 종합장애 등급코드(CMPR_DSB_GRADE), 주 장애유형(MAIN_DSB_TYPE), 사업장 업종 세분류(INDTP_CD)를 포함한다.

**자격 및 보험료 테이블**

<table>
<tr><th>번호</th><th>한글 변수명</th><th>영문 변수명</th><th>설명</th></tr>
<tr><td>1</td><td>기준 년도</td><td>STD_YYYY</td><td></td></tr>
<tr><td>2</td><td>개인식별ID</td><td>INDI_DSCM_NO</td><td></td></tr>
<tr><td>3</td><td>성별 구분</td><td>SEX_TYPE</td><td>1: 남성, 2: 여성</td></tr>
<tr><td>4</td><td>출생년도</td><td>BYEAR</td><td></td></tr>
<tr><td>5</td><td>가입자 구분</td><td>GAIBJA_TYPE</td><td><table>
<tr><th>코드</th><th>설명</th><th>코드</th><th>설명</th></tr>
<tr><td>1</td><td>지역 세대주</td><td>6</td><td>직장 피부양자</td></tr>
<tr><td>2</td><td>지역 세대원</td><td>7</td><td>의료급여 세대주</td></tr>
<tr><td>5</td><td>직장 가입자</td><td>8</td><td>의료급여 세대원</td></tr>
</table></td></tr>
<tr><td>6</td><td>실거주 주소코드</td><td>RVSN_ADDR_CD</td><td>시도(2자리)+시군구(3자리), 부록 참고</td></tr>
<tr><td>7</td><td>보험료</td><td>CALC_CTRB_FD</td><td></td></tr>
<tr><td>8</td><td>보험료20분위</td><td>CALC_CTRB_VTILE_FD</td><td><table>
<tr><th>코드</th><th>설명</th><th>코드</th><th>설명</th></tr>
<tr><td>0</td><td>0분위, 의료급여</td><td>11</td><td>11분위</td></tr>
<tr><td>1</td><td>1분위</td><td>12</td><td>12분위</td></tr>
<tr><td>2</td><td>2분위</td><td>13</td><td>13분위</td></tr>
<tr><td>...</td><td></td><td>...</td><td></td></tr>
<tr><td>10</td><td>10분위</td><td>20</td><td>20분위</td></tr>
</table></td></tr>
<tr><td>9</td><td>증인원수</td><td>CNT_ID_HHHI_FD</td><td>건강보험증에 등록된 인원 수</td></tr>
<tr><td>10</td><td>종합장애 등급코드</td><td>CMPR_DSB_GRADE</td><td><table>
<tr><th>코드</th><th>설명</th><th>코드</th><th>설명</th></tr>
<tr><td>00</td><td>해당사항 없음</td><td>06</td><td>6등급</td></tr>
<tr><td>01</td><td>1등급</td><td>07</td><td>7등급</td></tr>
<tr><td>02</td><td>2등급</td><td>08</td><td>8등급</td></tr>
<tr><td>03</td><td>3등급</td><td>09</td><td>9등급</td></tr>
<tr><td>04</td><td>4등급</td><td>10</td><td>심한</td></tr>
<tr><td>05</td><td>5등급</td><td>20</td><td>심하지 않은</td></tr>
</table></td></tr>
</table>

<table>
<tr><th>번호</th><th>한글 변수명</th><th>영문 변수명</th><th>설명</th></tr>
<tr><td>11</td><td>주 장애유형</td><td>MAIN_DSB_TYPE</td><td><table>
<tr><th>코드</th><th>설명</th><th>코드</th><th>설명</th></tr>
<tr><td>결측</td><td>해당사항 없음</td><td>09</td><td>신장 장애인</td></tr>
<tr><td>01</td><td>지체 장애인</td><td>10</td><td>심장 장애인</td></tr>
<tr><td>02</td><td>뇌병변 장애인</td><td>11</td><td>호흡기 장애인</td></tr>
<tr><td>03</td><td>시각 장애인</td><td>12</td><td>간 장애인</td></tr>
<tr><td>04</td><td>청각 장애인</td><td>13</td><td>안면 장애인</td></tr>
<tr><td>05</td><td>언어 장애인</td><td>14</td><td>장루요루 장애인</td></tr>
<tr><td>06</td><td>지적 장애인</td><td>15</td><td>간질 장애인</td></tr>
<tr><td>07</td><td>자폐성 장애인</td><td></td><td></td></tr>
<tr><td>08</td><td>정신 장애인</td><td></td><td></td></tr>
</table></td></tr>
<tr><td>12</td><td>사업장 업종 세분류</td><td>INDTP_CD</td><td>사업장 업종(세분류) 코드 앞 2자리<table>
<tr><th>코드</th><th>설명</th><th>코드</th><th>설명</th></tr>
<tr><td>01</td><td>농업, 수렵업 임업</td><td>12</td><td>공공국방 및 사회보장행정</td></tr>
<tr><td>02</td><td>어업</td><td>13</td><td>교육서비스업</td></tr>
<tr><td>03</td><td>광업</td><td>14</td><td>보건, 사회복지사업</td></tr>
<tr><td>04</td><td>제조업</td><td>15</td><td>기타 공공사회, 개인 서비스</td></tr>
<tr><td>05</td><td>전기, 가사, 수도사업</td><td>16</td><td>가사서비스업</td></tr>
<tr><td>06</td><td>건설업</td><td>17</td><td>국제, 기타외국기관</td></tr>
<tr><td>07</td><td>도소매 및 소비자 용품 수리업</td><td>18</td><td>예술 스포츠 및 여가 관련 서비스</td></tr>
<tr><td>08</td><td>숙박 음식점업</td><td>19</td><td>하수폐기물처리 원료재생환경</td></tr>
<tr><td>09</td><td>운수, 창고, 통신업</td><td>20</td><td>출판영상방송통신 및 정보서비스</td></tr>
<tr><td>10</td><td>금융, 보험업</td><td>21</td><td>전문, 과학 및 기술 서비스업</td></tr>
<tr><td>11</td><td>부동산, 임대, 사업 서비스</td><td>99</td><td>기타</td></tr>
</table></td></tr>
</table>

# 6

# 사망 테이블

국민건강보험공단은 건강보험 자격관리 업무 과정에 사망으로 건강보험 자격이 상실되는 자료를 수집하여 사망 테이블(DTH)을 제공한다. 사망 테이블은 개인식별ID(INDI_DSCM_NO)와 사망일자(DTH_ASSMD_DT)로 구성된다. 사망일자는 YYYYMMDD 형태로 입력된다. 건강보험심사평가원은 명세서 일반 테이블에 포함된 진료 결과(DGRSLT_TP_CD) 변수를 사용하여 사망 여부를 확인하도록 안내하고 있으나, 이 변수를 사용하면 과소 추계될 가능성이 있다. 반면에 국민건강보험공단은 사망일자(DTH_ASSMD_DT)를 제공하므로 사망 여부를 정확하게 확인할 수 있다. 개인식별ID(INDI_DSCM_NO)를 기준으로 청구명세서 테이블과 연계할 수 있다.

# 4장

# 교란 요인

건강보험청구자료는 의료 현실을 반영한 대표성있는 데이터라는 점에서 성과연구(outcome study)에서 중요한 자료원으로 활용된다. 성과연구는 실제 진료환경에서 중재(intervention)의 성과, 즉 치료 효과를 추정하는 연구 분야이다. 치료 효과는 효과성, 안전성 등이 포함되며, 중재는 수 · 시술, 의약품, 의료기기 등을 모두 포괄한다. 성과연구에서 중재는 독립변수로, 중재의 성과(또는 결과)는 종속변수로 설정한다. 건강보험청구자료 등을 사용한 관찰 연구에서는 무작위 대조군 연구와 달리 편향(bias)이 발생할 가능성이 높다. 이러한 편향은 중재와 결과 간의 관련성을 왜곡시킬 수 있는데, 이러한 요인을 교란 요인(confounder)으로 정의한다.[1] 즉, 교란 요인으로 인해 실제 치료 효과가 없으나 효과가 있는 것으로 평가될 수도 있고, 반대로 치료 효과가 있는데 효과가 없는 것으로 추정될 수도 있다.

성과연구에서 교란 요인 통제는 핵심적인 분석 과정 중 하나이다. 교란 요인을 통제하는 방법은 연구 설계 단계와 분석 단계로 구분할 수 있다. 연구 설계 단계에서는 제한(restriction), 층화(stratification), 매칭(matching)이 있다. 만약 연령이 교란 요인일 경우, 제한은 65세 이상을 연구 대상에서 제외하고 65세 미만 환자만으로 분석하는 방법이다. 층화는 65세 미만과 65세 이상을 층으로 구분하여 분석하는 방법이고, 매칭은 연령을 1:1 또는 1:n으로 매칭하여 실험군과 대조군을 구성한 후 분석하는 방법이다. 분석 단계에서는 다중 회귀분석과 같은 통계적 접근 방법이 적용되며, 성향점수도 다빈도로 적용된다. 다중 회귀분석에서 추정한 회귀계수는 다른 독립변수들을 통제한 상황에서 독립변수와 종속변수의 관계를 의미한다. 성향점수는 독립변수들이 주어졌을 때 한 환자가 특정 그룹에 속할 조건부 확률로 산출된다. 산출된 성향점수는 성향점수 매칭(propensity score matching), 층화 위험도 보정(stratified risk adjustment), 역확률 가중치(inverse probability of treatment weighting) 방법으로 적용된다. 성향점수 매칭은 유사한 성향점수를 가진 환자를 매칭하여 매칭된 그룹 간에 결과를 비교하는 방법이다. 층화 위험도 보정은 성향점수를 사용하여 환자를 층화하고 각 층별로 결과를 분석하는 방법이다. 역확률 가중치는 성향점수에 반비례하는 가중치를 부여하여 분석하는 방법이다. 이러한 방법들은 관찰연구에서 발생할 수 있는

---

1 Han SJ, Kim KH. Adjusting for Confounders in Outcome Studies Using the Korea National Health Insurance Claim Database: A Review of Methods and Applications. J Prev Med Public Health 2024;57(1):1-7.

교란 요인의 영향을 줄여 치료 효과를 정확하게 추정하게 한다.

건강보험청구자료를 활용한 성과 연구에서는 연구 설계 단계 또는 분석 단계에 교란 요인을 통제한다. 그러나, 건강보험청구자료는 진료비 심사를 목적으로 구축된 데이터라는 점에서 중재의 성과에 영향 줄 가능성이 있는 요인들(임상 정보 등)이 제한적으로 수집된다. 건강보험청구자료에서 적용 가능한 요인은 인구학적 요인, 사회경제적 요인, 진료 요인, 과거력 등으로 구분할 수 있다.

인구학적 요인에는 연령과 성별이 포함된다. 건강보험심사평가원과 국민건강보험공단 모두 연령과 성별을 제공한다. 그러나 국민건강보험공단은 출생연도만 개방하고 있어 정확한 만 연령을 산출할 수 없다는 제한점이 있다.

사회경제적 요인으로는 보험자 구분(가입자 구분), 보험료 등급이 있다. 건강보험심사평가원은 건강보험, 의료급여, 보훈을 구분할 수 있는 보험자 구분만 제공한다. 반면에 국민건강보험공단은 보험료 징수와 부과 업무 과정에 수집되는 데이터와 연계하여 가입자 구분, 보험료를 제공한다. 가입자 구분은 지역과 직장보험, 의료급여로 구분된다. 보험료20분위는 사회경제적 요인을 반영하는 변수로, 보험료를 기준으로 20개 그룹으로 구분한 변수이다. 그러나, 지역 건강보험과 직장 건강보험은 보험료를 부과하는 체계가 다르기 때문에 지역 건강보험에서 보험료 상위 20%인 사람과 직장 건강보험에서 보험료 상위 20%인 사람은 경제적 수준이 동일하다고 할 수 없다. 따라서 보험료20분위를 그대로 사용하기보다는 지역 건강보험과 직장 건강보험으로 각각 구분하여 보험료 등급을 활용하는 것이 적절하다고 할 수 있다.[2]

진료 요인은 연구 대상의 진료 내역을 의미하며, 주상병, 응급실 경유 여부, 검사 또는 수 · 시술 여부, 의약품 처방이 포함된다. 응급실 경유 여부는 입원도착경로[3]로 확인할 수 있으나, 진료비 심사 시 참고자료로 활용된다는 점에서 과소 입력될 가능성이 높다. 응급실 경유 여부는 응급의료에 관한 법률에 의한 응급의료기관이 응급실에서 응급 환자에게 응급 처치 및 응급 의료를 행한 경우에 산정되는 응급의료관리료로 확인할 수 있다. 따라서 입원도착경로에서 응급실을 경유했거나 응급의료관리료

---

2 Han SJ, Kim KH. Adjusting for Confounders in Outcome Studies Using the Korea National Health Insurance Claim Database: A Review of Methods and Applications. J Prev Med Public Health 2024;57(1):1-7.

3 건강보험심사평가원은 입원도착경로, 국민건강보험공단은 입원경로구분

가 청구되면 응급실 경유로 조작적으로 정의할 수 있다. 응급의료관리료는 건강보험심사평가원에서 발간하는 "건강보험요양급여비용"에서 확인할 수 있다. 검사 또는 수·시술 여부, 의약품 처방은 환자의 진료 내역을 분석하여 확인할 수 있다.

과거력(medical history)은 환자의 전반적인 건강 이력을 의미하며, 의학적 상태, 검사 이력 등을 포함한다. 환자가 중재의 결과에 영향을 줄 수 있는 진료 경험이 있다면 교란 요인으로 작용할 수 있다. 환자의 이전 진료 내역을 추적하여 동반질환을 측정할 수 있다. 동반질환은 관심 대상 또는 연구 대상 질환(primary diagnosis) 이외에 환자가 갖고 있는 의학적 상태(medical conditions)를 의미한다. 특히, 동반질환은 환자 상태를 간접적으로 반영하는 대리변수라는 점에서 중요한 교란 요인으로 활용된다. 동반질환은 5장. SAS 프로그래밍에서 자세히 설명하였다.

**건강보험청구자료에서 적용 가능한 교란 요인**

| 인구학적 요인 | 사회경제적 요인 | 진료 요인 | 과거력 |
|---|---|---|---|
| 연령<br>성별 | 의료보장 형태<br>보험료 등급 | 주상병 또는 부상병<br>응급실 방문 여부<br>검사 여부<br>수시술 여부<br>의약품 처방 여부 | 과거력(검사, 수시술, 의약품)<br>동반질환 |

5장

# SAS 프로그래밍

건강보험청구자료 분석은 데이터 정제, 분석자료 구축, 통계 분석 및 결과 해석 과정으로 진행된다. 이 중에서 분석자료 구축은 청구건 단위로 구성된 건강보험청구자료를 통계 분석을 위한 자료[1]로 전환하는 과정으로, 많은 시간과 노력이 소요된다. 특히, 분석자료를 정확하게 구축하기 위해서는 건강보험청구자료의 구조와 변수명에 대한 이해가 요구된다. 분석 자료 구축에는 연구 대상자 선정을 위한 데이터 추출, 환자의 과거력과 건강 결과 확인을 위한 추적 데이터 구축 등이 포함된다. 그 과정에 변수를 수정하거나 새로운 변수를 생성한다. SAS는 다른 통계 프로그램에 비해서 데이터 편집에 유용한 프로그램이다. 본 장에서는 건강보험청구자료를 분석 자료로 전환하는 과정에 다빈도로 적용되는 15개 SAS 프로그램을 선정하여 설명하였다.

1. 변수 목록 확인과 라이브러리 지정
2. 데이터 추출 및 변수 생성
3. 문자형 변수에서 특정 문자열 추출
4. 날짜형 변수 생성
5. 특정 시점 변수 생성
6. 날짜형 변수에서 연, 분기, 월, 일 분리
7. 두 날짜형 변수의 간격 산출
8. 특정 조건을 만족하는 명세서 또는 환자 데이터 추출
9. 데이터 가로 및 세로 결합
10. 기준 시점 설정
11. 추적 자료 구축
12. 동반질환 구축
13. 누적합 산출
14. 입원 에피소드 구축
15. MACRO문

---

1 SAS 프로시저를 적용하여 분석 결과를 도출할 수 있는 수준의 분석자료

SAS 프로그램을 사용하여 분석자료를 구축하는 방법을 설명하기 위해 임의의 건강보험청구자료를 생성하였다. 임의로 생성된 데이터는 명세서 일반 테이블(T200), 진료 내역 테이블(T300), 상병 내역 테이블(T400)로 구성되며, 변수 구성은 다음과 같다.

| 명세서 일반 테이블(T200) | | |
|---|---|---|
| 한글 변수명 | 영문 변수명 | 유형 |
| 명세서번호 | MID | 숫자 |
| 보험형태 | INSUP_TP_CD | 숫자 |
| 환자고유번호 | JID | 숫자 |
| 성별 | SEX_TP_CD | 숫자 |
| 연령 그룹 | AGE_GROUP | 숫자 |
| 요양기관기호 | YID | 숫자 |
| 요양기관소재지 | RVD_PLC_CD | 숫자 |
| 요양기관종별 | CL_CD | 숫자 |
| 서식구분 | FOM_TP_CD | 숫자 |
| 주상병 | MAIN_SICK | 문자 |
| 부상병 | SUB_SICK | 문자 |
| 진료과목 | DGSBJT_CD | 숫자 |
| 입내원일수 | VST_DDCNT | 숫자 |
| 요양급여 총 비용 | RVD_RPE_TAMT_AMT | 숫자 |
| 요양개시일자 | RECU_FR_DD | 문자 |
| 요양종료일자 | RECU_TO_DD | 문자 |

| 진료 내역 테이블(T300) | | |
|---|---|---|
| 한글 변수명 | 영문 변수명 | 유형 |
| 명세서번호 | MID | 숫자 |
| 항목코드 | CZ_ITEM_CD | 문자 |
| 분류코드번호 | DIV_TY_CD | 숫자 |
| 분류코드 | DIV_CD | 문자 |
| 총 사용량 | TOT_USE_QTY_OR_EXEC_FQ | 숫자 |
| 금액 | AMT | 숫자 |

| 상병 내역 테이블(T400) | | |
|---|---|---|
| 한글 변수명 | 영문 변수명 | 유형 |
| 명세서번호 | MID | 숫자 |
| 상병 | SICK_CD | 문자 |

변수 유형(숫자, 문자)은 실제 건강보험청구자료와 다르므로 프로그램 적용 시에는 이를 고려하여 적용할 필요가 있다. 이 장에서 제시한 SAS 프로그램은 독자들이 분석 데이터 구축 과정에 쉽게 적용할 수 있도록 변수명은 소문자로, SAS 프로시저 또는 함수 등 고정된 프로그램은 대문자로 작성하였다. 먼저, csv 형태로 저장된 데이터를 SAS 데이터 셋으로 불러와서 T200, T300, T400을 생성한 뒤 예제 프로그램을 실행하면 된다. 데이터 셋은 자유아카데미 내 자료실에서 다운로드 받을 수 있다.

# 1

## 변수 목록 확인과 라이브러리 지정

건강보험청구자료 분석에서 가장 먼저 수행하는 과정은 변수 목록 확인과 라이브러리 지정이다. SAS는 문자형 변수, 숫자형 변수, 날짜형 변수를 구분하므로 분석 데이터를 구축하거나 통계 분석을 하기 전에 변수의 속성을 확인해야 한다. CONTENTS 프로시저는 데이터의 메타 정보를 확인하는 프로시저로, 데이터의 저장 경로, 유형, 크기, 생성 일자, 관측치 수 등을 확인할 수 있다. CONTENTS 프로시저를 실행하면 변수 목록은 알파벳 순서대로 변수 정보가 출력되므로 VARNUM 옵션을 적용하여 데이터에 입력된 순서대로 변수 정보를 출력할 수 있다. 아래 프로그램은 T200 데이터 셋에 포함된 변수 정보를 변수의 입력 순서대로 출력하는 프로그램이다.

```
PROC CONTENTS DATA=T200 VARNUM; RUN;
```

건강보험청구자료를 분석 데이터 셋으로 만드는 과정에 많은 데이터 셋이 생성되는데, 이러한 데이터 셋을 저장할 공간이 필요하다. 데이터 셋을 저장하는 공간을 SAS 라이브러리(library)라고 정의한다. SAS 라이브러리는 데이터 셋을 영구적으로 저장해 두는 영구 라이브러리(permanent library)와 임시로 저장해 두는 임시 라이브러리(temporary library)로 구분된다. 쉽게 설명해서 SAS 프로그램을 종료하면 임시 라이브러리에 저장된 데이터 셋은 삭제되는 반면에 영구 라이브러리에 저장된 데이터 셋은 삭제되지 않는다. LIBNAME문은 영구 라이브러리를 지정하는 명령문으로, 라이브러리명과 저장할 공간의 물리적 경로로 구성된다. 라이브러리명과 데이터 셋명을 같이 입력하면, 영구 라이브러리에 저장된 데이터 셋을 불러 올 수 있다. 임시 라이브러리는 SAS 내에 있는 WORK 폴더에 저장되며, 데이터 셋명만 입력하거나

WORK.데이터 셋명으로 입력된다. 아래 프로그램은 C 드라이브 내에 저자가 임의로 생성한 practice 폴더에 X(라이브러리명)라는 영구 라이브러리를 지정하는 프로그램이다. 그리고 T200 임시 데이터 셋을 불러와서 영구 데이터 셋인 T200A를 생성하고, 영구 데이터 셋인 T200A를 불러와서 임시 데이터 셋인 T200B를 생성한다. 즉, 설정한 라이브러리명을 데이터 셋명 앞에 작성하느냐에 따라 영구 데이터 셋과 임시 데이터 셋을 생성할 수 있다.

```
LIBNAME X 'C:\practice';
DATA X.T200A; SET T200; RUN;
DATA T200B; SET X.T200A; RUN;
```

# 2

# 데이터 추출 및 변수 생성

IF문은 새로운 변수 또는 데이터 셋을 생성하거나 연산을 할 때 다빈도로 활용된다. 예를 들어 연령 변수를 사용하여 연령 그룹을 생성하거나 요양기관종별 중에서 상급종합병원과 종합병원을 통합하여 종합병원으로 범주를 재생성하는 경우에 사용된다. 그리고 IF문을 사용하여 상급종합병원만으로 구성된 데이터 셋을 생성할 수 있다. IF문의 syntax는 다음과 같다.

```
IF 조건식1 THEN 명령문1;
ELSE IF 조건식2 THEN 명령문2;
ELSE 명령문3;
```

IF문이 두 번 이상 사용되는 경우에는 IF-IF문 또는 IF-ELSE IF문을 사용한다. IF-IF문에서 두 번째 IF는 처음부터 다시 조건을 확인하는 반면에 IF-ELSE문은, 앞에서 실행한 IF문의 조건을 만족하는 데이터를 제외한 나머지 데이터 중에서 조건을 확인하므로 IF-IF문보다 실행 속도가 빠르다는 장점이 있다. 일반적으로 하나의 조건식에 하나의 명령문이 작성되는데, 2개 이상의 명령을 실행하고자 한다면 DO-END문을 사용한다.

```
IF 조건문 THEN DO; 명령문1; 명령문2; END;
```

명령문은 새로운 변수나 범주를 생성하도록 작성할 수 있고, 조건식에 해당되는 관측 값을 삭제(DELETE)하거나 출력(OUTPUT)할 수도 있다.

```
IF 조건문 THEN DELETE;
IF 조건문 THEN OUTPUT;
```

IF문을 적용하여 변수 값 변경, 새로운 변수 생성, 데이터 셋 생성 및 삭제 등을 수행하는 SAS 프로그램을 제시하였다.

[보험형태가 보훈(7)이면 의료급여(5)로 변경]

```
DATA if1; SET T200;
IF insup_tp_cd=7 THEN insup_tp_cd=5; RUN;
```

[보험형태가 건강보험(4)이면 inusrance는 1, 나머지는 0으로 insurance 생성][2]

```
DATA if2; SET T200;
IF insup_tp_cd=4 THEN insurance=1;
ELSE insurance=0; RUN;
```

[보험형태가 건강보험(4)인 환자로 구성된 새로운 데이터 셋 생성]

```
DATA if3; SET T200;
IF insup_tp_cd=4 THEN OUTPUT; RUN;
```

[보험형태가 건강보험(4)이면 health 데이터 셋으로, 의료급여(5) 또는 보훈(7)이면 medicaid 데이터 셋으로 구분][3]

```
DATA health medicaid; SET T200;
IF insup_tp_cd=4 THEN OUTPUT health;
ELSE IF insup_tp_cd in (5,7) THEN OUTPUT medicaid; RUN;
```

[보험형태가 보훈(7)이면 데이터 삭제]

```
DATA if4; SET T200;
IF insup_tp_cd=7 THEN DELETE; RUN;
```

[성별이 여성(2)이면, 입내원일수와 요양급여비용을 모두 0으로 설정]

```
DATA if5; SET T200;
IF sex_tp_cd=2 THEN DO; vst_ddcnt=0; rvd_rpe_tamt_amt=0; END; RUN;
```

---

2 insurance 변수는 0과 1로 구성된 더미변수 형태로, 아래와 같이 괄호()를 사용하여 더미변수를 쉽게 생성할 수 있다. 괄호 안에서 제시한 조건을 만족하면 1, 만족하지 않으면 0을 갖는 변수가 생성된다.
insurance=(insup_tp_cd=4);

3 IN 대신 OR을 적용해도(insup_tp_cd=5 OR insup_tp_cd=7) 동일한 결과가 생성된다.

**참고** WHERE문

IF문과 유사하게 조건을 만족하는 데이터를 출력하는데 사용되며, DATA 스텝과 PROCEDURE 스텝에서 사용할 수 있다.

```
DATA if6; SET T200;
WHERE insup_tp_cd=4; RUN;

DATA if7; SET T200;
WHERE main_sick LIKE 'C%'; RUN;
```

LIKE 구문은 문자열의 위치를 지정해서 추출할 수 있다. 상병이 C로 시작하는 데이터를 추출한다면 'C%'를, C로 끝나는 데이터를 추출한다면 '%C'를 사용한다. 만약 C가 포함된 데이터를 추출한다면 '%C%' 또는 CONTAINS문을 사용한다.

```
DATA if8; SET T200;
WHERE main_sick CONTAINS 'C'; RUN;
```

# 3

# 문자형 변수에서 특정 문자열 추출

SUBSTR 함수는 문자형 변수에서 특정 문자열을 추출할 때 사용된다. 문자형 변수에서 추출을 시작할 문자의 위치와 추출한 문자열의 길이를 순서대로 작성한다. SUBSTR 함수의 syntax는 다음과 같으며, 만약 추출할 문자열의 길이를 지정하지 않으면 마지막 문자열까지 추출한다.

SUBSTR(string, 추출을 시작하는 위치, 추출할 문자열의 길이)

SUBSTR 함수는 분석자료를 구축하는 과정에 다빈도로 활용되며, 특히, 명세서 일반 테이블 또는 상병 테이블에서 특정 상병 조건을 만족하는 청구명세서를 추출할 때 IF문과 같이 사용된다. 급성심근경색증의 KCD를 I21.x, I22.x[4]로 정의한다면, I21, I22를 포함한 하위 코드(4단 코드)[5]를 적용해야 한다. 만약 SUBSTR 함수를 적용하지 않는다면, SAS문이 길어지고 상병을 입력하는 과정에 오류가 발생할 가능성이 있다. 반면에 SUBSRT 함수를 사용하면 간단하게 명령문을 작성할 수 있다.

[SUBSTR 함수 미적용]

```
DATA sub1; SET T200;
IF main_sick IN ('I21','I210','I211','I212','I213','I214','I219','I22',
'I220','I221','I222','I223','I224','I229') THEN OUTPUT; RUN;
```

---

4 4단 상병을 포함한다는 의미로 I21.x로 표현

5 I21(급성 심근경색증), I21.0(전벽의 급성 전층심근경색증), I21.1(하벽의 급성 전층심근경색증), I21.2(기타 부위의 급성 전층심근경색증), I21.3(상세불명 부위의 급성 전층심근경색증), I21.4(급성 심내막하심근경색증), I21.9(상세불명의 급성 심근경색증)

[SUBSTR 함수 적용]

```
DATA sub2; SET T200;
IF SUBSTR(main_sick,1,3) IN ('I21','I22') THEN OUTPUT; RUN;
```

**참고** 위 프로그램에서 IN 대신 OR을 사용할 수 있으나, 프로그램이 길어져 작성 과정에 오류가 발생할 가능성이 있다.

```
DATA sub1; SET T200;
IF main_sick='I21' OR main_sick='I210' OR main_sick='I211' OR
main_sick='I212' OR main_sick='I213' OR main_sick='I214' OR
main_sick='I219' OR main_sick='I22' OR main_sick='I220' OR
main_sick='I221' OR main_sick='I222' OR main_sick='I223' OR
main_sick='I224' OR main_sick='I229' THEN OUTPUT; RUN;
```

다른 예로 암에 대한 KCD를 C00.x~C97.x로 정의하였다면, C00부터 C97까지 상병을 작성해야 한다. 그러나, SUBSTR 함수로 2단 상병을 추출하면 간단하게 프로그램을 작성할 수 있다.

[3단 상병 적용]

```
DATA sub3; SET T200;
IF SUBSTR(main_sick,1,3) IN
('C00','C01','C02','C03','C04','C05','C06','C07','C08','C09',
'C10','C11','C12','C13','C14','C15','C16','C17','C18','C19',
'C20','C21','C22','C23','C24','C25','C26','C27','C28','C29',
'C30','C31','C32','C33','C34','C35','C36','C37','C38','C39',
'C40','C41','C42','C43','C44','C45','C46','C47','C48','C49',
'C50','C51','C52','C53','C54','C55','C56','C57','C58','C59',
'C60','C61','C62','C63','C64','C65','C66','C67','C68','C69',
'C70','C71','C72','C73','C74','C75','C76','C77','C78','C79',
'C80','C81','C82','C83','C84','C85','C86','C87','C88','C89',
'C90','C91','C92','C93','C94','C95','C96','C97') THEN OUTPUT; RUN;
```

[2단 상병 적용]

```
DATA sub4; SET T200;
IF SUBSTR(main_sick,1,2) IN ('C0','C1','C2','C3','C4','C5', 'C6','C7',
'C8') OR SUBSTR(main_sick,1,3) IN ('C90','C91', 'C92','C93','C94','C95',
'C96','C97') THEN OUTPUT; RUN;
```

둘째, 연도별 또는 월별로 환자 수를 산출할 경우, SUBSTR 함수를 사용하여 요양개시일자, 요양종료일자에서 연도, 월, 일자를 추출할 수 있다. 건강보험청구자료에서 요양개시일자와 종료일자는 8자리 문자형 변수로 YYYYMMDD 형태로 입력되어 있다(예. 20241122). 요양개시일자에서 첫 번째 자리를 시작으로 4자리를 추출하여 year 생성, 다섯 번째 자리를 시작으로 2자리를 추출하여 month 생성, 일곱 번째 자리를 시작으로 2자리를 추출하여 day를 생성하는 프로그램은 다음과 같다. SUBSTR 함수는 왼쪽을 기준으로 지정된 시점부터 문자열을 추출하므로 LEFT 함수를 사용하여 왼쪽 정렬하면 오류를 줄일 수 있다.

```
DATA sub5; SET T200;
year=SUBSTR(LEFT(recu_fr_dd),1,4);
month=SUBSTR(LEFT(recu_fr_dd),5,2);
day=SUBSTR(LEFT(recu_fr_dd),7,2); RUN;
```

셋째, 진료내역 테이블에서 검사, 수 · 시술 등에 해당되는 분류코드(건강보험심사평가원 DIV_CD, 국민건강보험공단 MCARE_DIV_CD_ADJ)는 기본 코드 5자리[6]와 가산 또는 감산 적용을 위한 산정코드 3자리, 총 8자리로 구성된다. 만약 SUBSTR 함수를 사용하지 않고 기본코드 5자리만 적용하면 자료가 누락될 수 있다. 예를 들어, M6551에 가산코드가 적용되어 M6551010으로 입력되어 있다면, IF DIV_CD='M6551' TEHN OUTPUT; 을 실행하더라도 데이터가 추출되지 않는다. 따라서, SUBSTR 함수를 적용하여 5자리로 데이터를 추출해야 한다. 만약 진료 내역 테이블에서 경피적 관상동맥중재술을 추출한다면 다음과 같이 명령문을 작성할 수 있다.

---

6 건강보험심사평가원은 매년 건강보험요양급여비용을 발간하며, 홈페이지(www.hira.or.kr) 또는 웹 검색을 통해 전자파일 형태로 다운받을 수 있다. 이 책자에는 보건복지부 고시 「건강보험요양급여비용의 내역」 및 「건강보험 행위 급여 · 비급여 목록표 및 급여 상대가치점수」가 수록되어 있다.

```
DATA sub6; SET T300;
IF SUBSTR(div_cd,1,5) IN ('M6551', 'M6552', 'M6553', 'M6554', 'M6561', 'M6562',
'M6563') THEN OUTPUT; RUN;
```

CHAR 함수는 SUBSTR 함수와 동일하게 문자형 변수의 특정 문자열을 추출하는 함수이지만, 첫 문자열을 시작으로 지정한 위치의 문자열을 추출한다는 점에서 차이가 있다. 아래 두 함수는 동일한 결과를 산출한다.

```
CHAR('ABCDE',2) → B
SUBSTR('ABCDE',2,1) → B
```

문자형 변수에서 문자열을 추출하거나 다른 문자열로 대체할 경우에 유용하게 사용할 수 있는 함수는 다음과 같다.

| 함수 | 예시 |
|---|---|
| SUBSTR(string, 시작 위치, 길이) | 시작 위치부터 지정한 길이만큼의 문자열 추출<br>길이를 지정하지 않으면 시작 위치부터 끝가지 추출 |
| | SUBSTR('ABCDE', 2, 2) → 'BC'<br>SUBSTR('ABCDE', 2) → 'BCDE' |
| | [참고] 특정 문자열을 특정 값으로 변경<br>SUBSTR('ABCDE', 1, 2) = 'bc'; → 'bcCDE' |
| SCAN(string, n번째, 구분자) | 구분자(들)로 구분된 문자열 중에서 n번째 문자열을 추출 |
| | SCAN('A*BC+D*E', 3, '*+') → 'D' |
| CHAR(string, 특정 위치) | string에서 특정 위치에 해당하는 문자 추출 |
| | CHAR('ABCDE', 2) → 'B' |
| CATX('구분자', string 1, string 2, .., string n) | string들의 앞뒤 공백 제거하고 구분자를 삽입하여 문자열 생성 |
| | CATX('$','A ',' C' ) → 'A$C' |
| \|\| | 문자열 또는 문자형 변수를 서로 결합 |
| | 'A'\|\|'*'\|\|'C' ⇒ 'A*C' |
| CATS | \|\|와 달리 문자열(문자형 변수)의 공백을 제거한 후 결합 |
| | CATS('A ',' C') → 'AC' |
| COMPRESS(string, 특정 문자) | string에서 특정 문자 제거<br>공백을 제거한다면 특정 문자 생략 |
| | COMPRESS('AB*C', '*') → 'ABC'<br>COMPRESS('AB CDE',' ') → 'ABCDE' |
| TRANWRD(string, 특정 문자열, 변경 문자열) | 특정 문자열을 다른 문자열로 변경 |
| | TRANWRD('ABC','BC','bc') → 'Abc' |

# 4

# 날짜형 변수 생성

SAS 데이터 셋에서 변수 속성은 숫자형, 문자형, 날짜형으로 구분된다. 건강보험청구자료에 포함된 변수들은 대부분 문자형 또는 숫자형으로 구성되며, 분석 과정에 두 속성을 서로 변환하기도 한다. 특히, 문자형 변수인 최초 입원일자, 요양개시일자, 요양종료일자를 날짜형 변수로 변환하여 기간(period)을 산출한다. 예를 들어, 재원일수 산출, 재입원과 합병증 발생과 같은 건강 결과가 발생할 때까지의 소요된 기간을 산출할 때 날짜형 변수로 변환해야 한다.

INPUT은 문자형 변수를 숫자형 변수로 변환하고, PUT은 숫자형 변수를 문자형 변수로 변환할 때 사용된다. 문자형 변수인 요양개시일자와 요양종료일자를 날짜형 변수로 변경할 경우 INPUT과 FORMAT문을 사용한다. INPUT문을 사용하여 날짜형 변수로 변경하는 경우에는 날짜 포맷을 지정해야 하며, 다양한 날짜 포맷을 지정할 수 있다. 아래 프로그램은 숫자형 변수인 서식구분(fom_tp_cd)을 문자형 변수(char_fom_tp_cd)로 변경하고, 다시 숫자형 변수(num_fom_tp_cd)로 변경한다. 그리고, 문자형 변수인 요양개시일자(recu_fr_dd)를 날짜형 변수(date_recu_fr_dd)로 변수 속성을 변경한다.

```
DATA format; SET T200;
char_fom_tp_cd=PUT(fom_tp_cd,2.);
num_fom_tp_cd=INPUT(char_fom_tp_cd,2.);
FORMAT date_recu_fr_dd YYMMDD10.;
date_recu_fr_dd=INPUT(LEFT(recu_fr_dd),YYMMDD10.);  RUN;
```

날짜형 변수의 출력 형식은 FORMAT문으로 설정한다. FORMAT문에는 다양한 출력 형식이 있으며, 2025-03-26으로 출력되는 YYMMDD10.을 사용하면 일자를 쉽게 확인할 수 있다.

**날짜 출력 형식**

| 명령어 | 포맷 설명 | 예시 | 출력 |
|---|---|---|---|
| DATE숫자. | 숫자값을 날짜값으로 변경(일월년) | DATE9. | 04JAN1960 |
| | | DATE7. | 04JAN60 |
| | | DATE5. | 04JAN |
| YYMMDD숫자. | 숫자값을 날짜값으로 변경(연도-월-일) | YYMMDD10. | 1960-01-04 |
| | | YYMMDD8. | 60-01-04 |
| | | YYMMDD6. | 600104 |
| YYMMN숫자. | 숫자값을 날짜값으로 변경(연도 월) | YYMMN6. | 196001 |

# 5

# 특정 시점 변수 생성

콕스의 비례위험모형 등 생존 분석을 수행하기 위해서는 기준 시점(index date)을 기준으로 환자의 진료 내역을 추적하여 관심되는 사건(재입원, 응급실 방문, 사망 등)이 발생한 시점까지의 기간을 산출한다. 그리고, 관심 사건이 발생하지 않는 환자는 특정 시점까지 추적 관찰하게 되는데, 이 과정에 연구 종료 시점에 대한 변수를 생성해야 한다. 예를 들어, 2019~2021년 수술을 받을 환자를 대상으로 2024년 12월 31일까지 추적하여 합병증 발생률을 확인한다면 합병증이 발생한 환자들은 수술로 인한 입원일자와 합병증 발생 일자의 차이로 기간을 산출한다. 합병증이 발생하지 않는 환자는 수술로 인한 입원일자와 연구 종료 일자(2024년 12월 31일)의 차이로 기간을 산출하게 되므로 연구 종료시점 변수를 생성해야 한다. mdy는 날짜를 지정하는 함수로 FORMAT문과 함께 작성되며, 새로운 변수명=MDY(월,일,연도)로 사용된다. 아래 SAS문은 연구종료 시점을 2024년 12월 31일로 지정하여 follow_end_date 변수를 생성하는 프로그램으로, 만약 FORMAT문을 작성하지 않으면 1960년 1월 1일을 기준으로 0부터 시작하는 양수가 출력된다.

```
DATA index; SET T200;
follow_end_date=MDY(12,31,2024);
FORMAT follow_end_date YYMMDD10.; RUN;
```

# 6

# 날짜형 변수에서 연, 분기, 월, 일 분리

SUBSTR 함수는 문자형 변수인 요양개시일자, 요양종료일자에서 연, 월, 일을 분리할 때 사용한다. 요양개시일자와 요양종료일자를 날짜형 변수로 변경한 뒤에는 YEAR 함수, QTR 함수, MONTH 함수, DAY 함수를 사용하여 연도, 분기, 월, 일을 분리할 수 있다. 아래는 문자형 변수인 요양개시일자를 날짜형 변수로 변경하여 날짜형 변수인 입원일자(adm_date)를 생성하고, 입원일자에서 연도, 분기, 월, 일 변수를 생성하는 프로그램이다.

```
DATA adm; SET T200;
FORMAT adm_date YYMMDD10.;
adm_date=INPUT(LEFT(recu_fr_dd),YYMMDD10.);
year=YEAR(adm_date);
quarter=QTR(adm_date);
month=MONTH(adm_date);
day=DAY(adm_date);
RUN;
```

# 7

# 두 날짜형 변수의 간격 산출

두 날짜형 변수의 간격 산출은 건강보험청구자료 분석에서 빈번하게 수행된다. 예를 들어, 재원일수는 퇴원일자와 입원일자의 차이로 산출되고, 퇴원 후 30일 내 재입원 여부는 퇴원일자와 재입원 일자의 간격을 산출한 뒤 그 간격이 30일 내인지 확인해야 한다. 그리고, 입원 시점(index date)을 기준으로 과거 1년 전 진료 내역을 추출하여 과거력을 확인하는 경우에도 입원 일자와 과거 진료일자 간에 간격을 산출해야 한다.

두 날짜형 변수의 간격은 단순히 차이(–)로 산출할 수 있으나, 일반적으로 INTCK 함수를 사용한다. INTCK 함수는 두 날짜형 변수의 간격을 일, 주, 월, 분기, 연도 단위로 산출하며, INTCK('간격 단위', 시작 일자, 종료 일자)으로 사용된다. 문자형 변수인 요양개시일자와 요양종료일자를 날짜형 변수인 start_date와 end_date로 변경하고, 두 변수의 간격을 연도(YEAR), 분기(QTR), 월(MONTH), 일(DAY)을 기준으로 산출하는 프로그램은 다음과 같다. 두 날짜형 변수(start_date, end_date)의 순서를 변경하면, 간격은 음수(–)가 산출되므로 순서를 정확하게 입력해야 한다.

```
DATA interval; SET T200;
FORMAT start_date YYMMDD10. end_date YYMMDD10.;
start_date=INPUT(LEFT(recu_fr_dd),YYMMDD10.);
end_date=INPUT(LEFT(recu_to_dd),YYMMDD10.);
interval_year=INTCK('YEAR',start_date,end_date);
interval_quarter=INTCK('QTR',start_date,end_date);
interval_month=INTCK('MONTH',start_date,end_date);
interval_day=INTCK('DAY',start_date,end_date);
DIF=end_date-start_date; RUN;
```

8

# 특정 조건을 만족하는 명세서 또는 환자 데이터 추출

명세서 일반 테이블, 상병내역 테이블 등 테이블 내에서 특정 조건을 만족하는 명세서를 추출할 때 IF문을 사용한다. IF문을 사용하여 명세서 일반 테이블에서 추출한 명세서와 연계하여 환자의 모든 명세서를 명세서 일반 테이블에서 추출하거나, 명세서 코드가 동일한 명세서를 다른 테이블(진료내역 테이블, 상병내역 테이블, 처방 내역 테이블)에서 추출할 수 있다. 예를 들어, 명세서 일반 테이블에서 남성에 대한 명세서를 추출하고, 추출된 명세서와 동일한 명세서 코드를 갖는 명세서를 진료내역 테이블에서 추출하고자 한다면 SQL문으로 쉽게 추출할 수 있다. SQL문을 사용한 데이터 추출은 환자의 과거력(동반질환)을 확인하고, 진료 내역을 추적할 때 유용하게 사용할 수 있다.

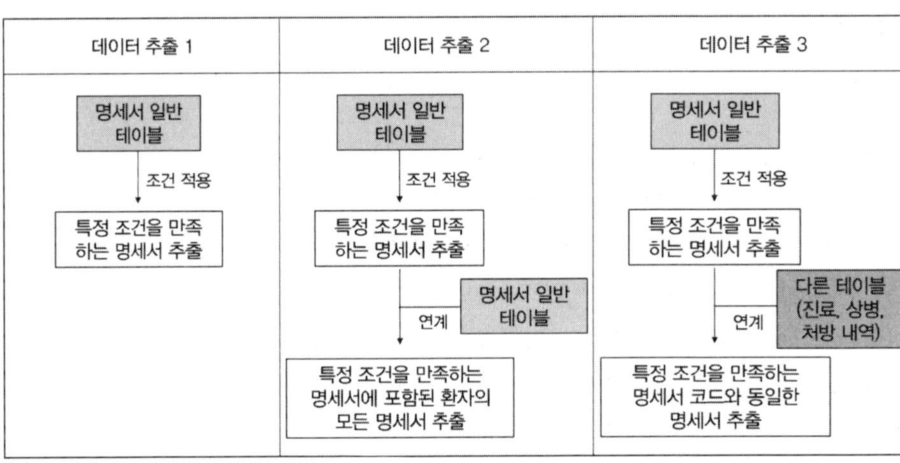


**데이터 추출 형태**

<데이터 추출 1>은 명세서 일반 테이블에서 IF문 또는 SQL문을 적용하여 특정 조건을 만족하는 명세서를 추출할 수 있다. 여성으로 구성된 데이터 셋을 생성하는 SQL문은 아래와 같다. T200 데이터 셋에서 조건(WHERE문)을 만족하는 환자로 구성된 sampling1A 테이블을 생성(CREATE)하고, sampling1A는 T200 데이터 셋에 포함된 모든 변수를 출력한다(SELECT *).

[IF문 사용]

```
DATA sampling1; SET T200;
IF sex_tp_cd=2 THEN OUTPUT; RUN;
```

[SQL문 사용]

```
PROC SQL; CREATE TABLE sampling1A AS SELECT *
FROM T200
WHERE sex_tp_cd=2; QUIT;
```

**참고** SQL문

SQL(Structured Query Language)은 관계형 데이터베이스에서 테이블(Table)을 정의, 조작하는 데 사용되는 언어이다. SAS에서는 SQL 프로시저를 이용하여 데이터 셋과 변수를 생성, 결합, 계산 등의 작업을 수행할 수 있다. SQL 프로시저의 기본 syntax는 다음과 같다.

```
PROC SQL;
  CREATE TABLE 새로운 데이터셋명
  SELECT 변수명1, 변수명2, 변수명3,...
  FROM 데이터셋명
  WHERE 조건식
  ORDER BY 변수명
  GROUP BY 변수명;
  QUIT;
```

<데이터 추출 2>는 <데이터 추출 1>에서 추출된 명세서에 포함된 환자의 모든 명세서를 추출하는 방식으로, 환자고유번호(jid)를 기준으로 환자의 모든 진료 내역을 추출할 수 있다.

[여성(2) 환자를 추출하여 sampling1 데이터 셋 생성]

```
DATA sampling1; SET T200;
IF sex_tp_cd=2 THEN OUTPUT; RUN;
```

[명세서 일반 테이블에서 여성 환자의 모든 진료내역 추출]

```
PROC SQL; CREATE TABLE sampling2 AS SELECT *
FROM T200
WHERE jid IN (SELECT jid FROM sampling1); QUIT;
```

sampling1은 T200을 불러와서 여성으로 구성된 데이터 셋이다. SQL문은 T200 데이터 셋으로부터 sampling2를 생성하는데(CREATE TABLE), 환자고유번호(jid)가 동일한 데이터로만 구성한다(WHERE문). 여기서 환자고유번호가 동일하다는 것은 sampling1 데이터 셋에 있는 환자고유번호와 동일한 경우에 해당된다. SELECT *는 T200에 있는 모든 변수를 포함하라는 의미이며, 만약 특정한 변수(연령, 성별, 요양개시일자)만 선택한다면, 아래와 같이 쉼표(,)로 구분하여 변수를 나열하면 된다.

[명세서 일반 테이블에서 여성 환자의 모든 진료내역 추출 – 특정 변수만 추출]

```
PROC SQL; CREATE TABLE sampling2 AS SELECT pat_age, sex_tp_cd, recu_fr_dd
FROM T200
WHERE jid IN (SELECT jid FROM sampling1); QUIT;
```

<데이터 추출 3>은 <데이터 추출 1>에서 추출된 명세서와 동일한 명세서번호(mid)를 갖고 있는 다른 테이블의 명세서를 추출하는 방식이다. 다른 테이블에는 상병내역 테이블, 진료내역 테이블, 처방전 교부상세내역 테이블 등이 있다.

[여성(2) 환자를 추출하여 sampling1 데이터셋 생성]

```
DATA sampling1; SET T200;
IF sex_tp_cd=2 THEN OUTPUT; RUN;
```

[명세서 일반 테이블에서 추출한 여성 환자의 명세서번호와 동일한 명세서번호(mid)를 진료내역 테이블에서 추출]

```
PROC SQL; CREATE TABLE sampling3 AS SELECT *
FROM T300
WHERE mid IN (SELECT mid FROM sampling1); QUIT;
```

진료내역 테이블(T300)을 사용하여 sampling3 데이터 셋을 생성하는데, 명세서번호(mid)가 동일한 데이터로만 구성한다(WHERE문). 여기서 명세서번호가 동일하다는 것은 sampling1 데이터 셋에 있는 명세서번호와 동일한 경우에 해당된다. 진료내역 테이블뿐만 아니라 상병내역 테이블, 처방전 교부상세내역 테이블도 동일한 방법으로 적용[7]할 수 있다.

---

7 FROM T300 대신 FROM T400으로 변경하면 명세서 일반 테이블의 명세서 고유번호와 동일한 명세서를 상병내역 테이블에서 추출할 수 있다.

# 9

# 데이터 가로 및 세로 결합

건강보험청구자료는 효율적으로 저장·관리하기 위하여 명세서 일반 테이블, 진료내역 테이블, 상병내역 테이블, 처방전 교부상세내역 테이블로 분리되어 있다. 분리된 테이블은 연계키를 사용하여 서로 결합하여 분석할 수 있다. 데이터 결합은 세로 결합과 가로 결합으로 구분된다.

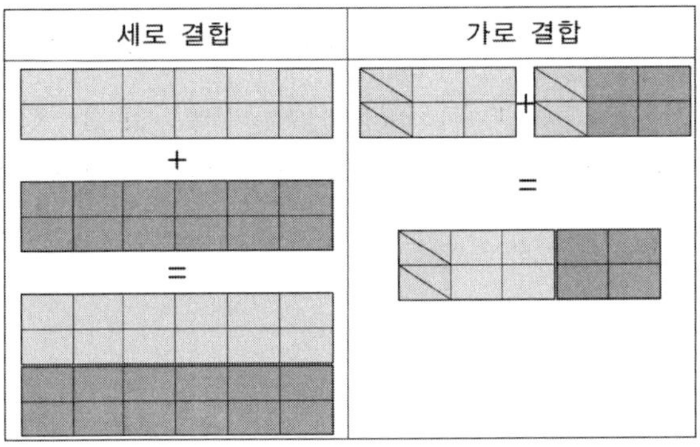


세로 결합은 2개 이상의 데이터 셋을 위와 아래로 결합하여 하나의 데이터 셋을 생성하는 것으로 SET문을 사용한다. 세로 결합을 수행할 경우에는, 결합할 데이터 셋의 변수 속성(문자형, 숫자형, 날짜형)과 변수명이 동일한지 확인해야 한다. 국민건강보험공단은 월별로 데이터 셋을 구축하여 연구자에게 제공하는데, 이 경우 아래와 같이 SET문을 사용하여 하나의 데이터 셋으로 결합할 수 있다.

```
DATA t20_2024;
SET t20_202401 t20_202402 t20_202403 t20_202404 t20_202405 t20_202406
t20_202407 t20_202408 t20_202409 t20_202410 t20_202411 t20_202412; RUN;
```

가로 결합은 2개 이상의 데이터 셋을 연계키를 기준으로 옆으로 결합하는 형태이다. 예를 들어, 명세서 일반 테이블의 명세서 고유번호(mid)[8]와 진료내역 테이블의 명세서 고유번호를 결합하여 하나의 데이터 셋을 생성할 수 있다. 다른 예로, 국민건강보험공단은 청구명세서 테이블 내에 성별과 연령을 포함하고 있지 않아 개인식별ID를 연계키로 설정하여 자격 및 보험료 테이블과 결합한다. 건강보험심사평가원과 국민건강보험공단에서 적용되는 테이블 간 연계키는 다음과 같다.

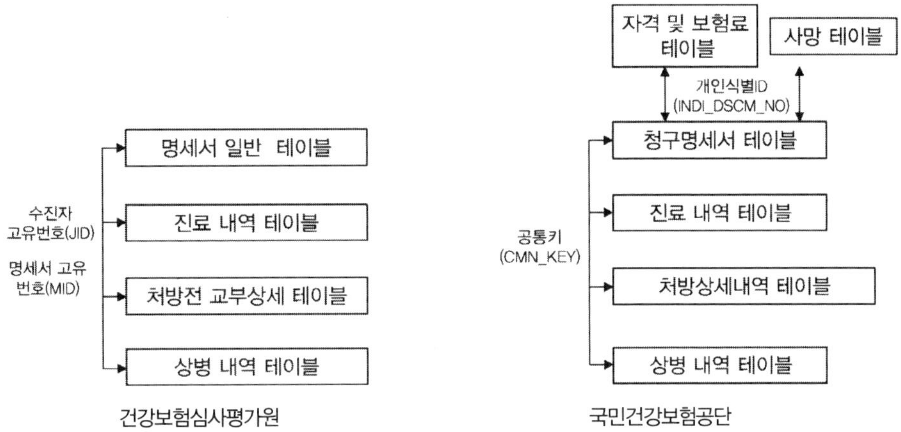


**테이블 간 연계**

건강보험심사평가원은 각 테이블마다 명세서 고유번호와 수진자 고유번호가 있어 데이터 연계 관점(환자 단위, 명세서 단위)에 따라 데이터를 결합할 수 있다. 반면에 국민건강보험공단은 공통키로 테이블을 서로 연계한다. 만약, 자격 및 보험료 테이블과 사망 테이블을 진료내역 테이블과 연계하다면, 공통키를 기준으로 진료내역 테이블과 청구명세서 테이블을 먼저 결합하여 개인식별ID를 확인한 뒤에 자격 및 보험료 테이블 또는 사망 테이블을 결합한다.

---

8 국민건강보험공단의 공통키(CMN_KEY)

가로 결합은 1:1 결합, 1:n 결합(또는 1:다)으로 구분된다. 1:1 결합은 두 테이블에 포함된 연계키가 1:1로 결합되는 경우이며, 한 테이블은 연계키가 하나이지만 다른 테이블은 2개 이상의 동일한 연계키를 가지면 1:n 결합이 된다. 예를 들어, 청구명세서 테이블과 사망 테이블을 개인식별ID를 기준으로 연계하면 1:1 결합이며, 명세서 일반 테이블(청구명세서 테이블)과 상병내역 테이블을 명세서 고유번호(또는 공통키)를 기준으로 연계하면 1:n 결합에 해당된다. n:m 결합은 불가능하므로 상병내역 테이블과 진료내역 테이블 등을 가로 결합하기 위해서는 사전에 둘 중 하나의 테이블을 명세서 고유번호(또는 공통키) 단위로 데이터 셋을 축소해야 한다.

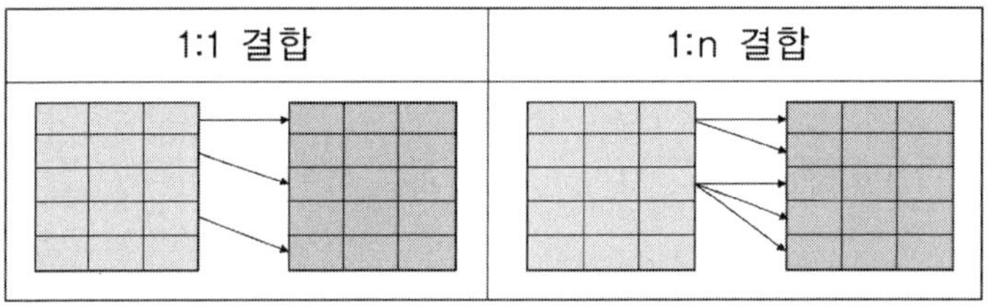


**데이터 가로 결합 형태**

가로 결합은 좌측 결합, 우측 결합, 전체 결합 등 여러 형태가 있으며, MERGE문 또는 SQL문을 사용한다. 일반적으로 가로 결합은 MERGE문을 사용하지만, 연계키를 오름차순 또는 내림차순으로 정렬한 뒤에 MERGE문을 실행하기 때문에 데이터 수가 많으면 시간이 오래 걸린다는 단점이 있다. 반면에 SQL문은 데이터 정렬 작업이 별도로 필요하지 않아 MERGE문보다 시간이 적게 소요된다. 좌측 결합(Left join)은 좌측 데이터를 기준으로 다른 데이터를 결합하는 형태이며, 우측 결합(Right join)은 우측 데이터를 기준으로 다른 데이터를 결합하는 형태이다. 공통 결합(Inner join)은 두 데이터 셋에서 공통된 데이터만 결합하며, 전체 결합(Full join)은 두 데이터 셋의 모든 데이터를 결합하여 출력한다(결합되지 않는 데이터도 그대로 출력). 이외에도 결합된 데이터 셋을 제외한 좌측 결합(Left excluding join), 결합된 데이터 셋을 제외한 우측 결합(Right excluding join)이 있으나, 건강보험청구자료 분석에서는 좌측 결합 또는 공통 결합을 많이 사용한다.

아래에 제시된 MERGE문과 SQL문은 TableA와 TableB 데이터 셋을 연계키(key)를 기준으로 가로 결합하는 프로그램이다. MERGE문을 사용하기 위해서는 먼저 두 데이터 셋을 연계키를 기준으로 오름차순 또는 내림차순으로 정렬한다.[9] MERGE문 뒤에 가로 결합할 두 데이터 셋을 작성하고, IN 함수를 사용하여 TableA는 a로, TableB는 b로 하는 가상의 변수를 생성한다. 좌측 결합은 좌측에 있는 데이터 셋을 기준으로 하므로 만약 가상의 변수가 a이면 출력되도록 IF문을 사용한다. 공통 결합(Inner join)은 가상의 변수 a, b가 모두 있는 경우에 해당되며, 전체 결합(Full join)은 가상의 변수를 별도로 적용할 필요가 없다. SQL문은 MERGE문과 달리 데이터 셋을 정렬하지 않고 가로 결합을 실행한다. SELECT 뒤에는 새롭게 생성될 TableC에 포함된 변수

| | MERGE문 | SQL문 |
|---|---|---|
| LEFT JOIN<br>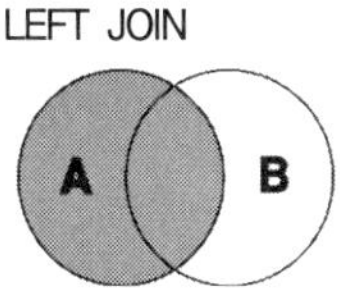 | **PROC SORT** DATA=TableA; BY key; **RUN;**<br>**PROC SORT** DATA=TableB; BY key; **RUN;**<br><br>**DATA** TableC;<br>MERGE TableA(IN=a) TableB(IN=b);<br>BY key;<br>IF a; **RUN;** | **PROC SQL;**<br>CREATE TABLE TableC AS SELECT A.*, B.*<br>FROM TableA A LEFT JOIN TableB B ON<br>A.key=B.key; **QUIT;** |
| RIGHT JOIN<br>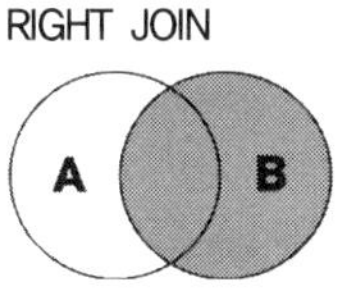 | **PROC SORT** DATA=TableA; BY key; **RUN;**<br>**PROC SORT** DATA=TableB; BY key; **RUN;**<br><br>**DATA** TableC;<br>MERGE TableA(IN=a) TableB(IN=b);<br>BY key;<br>IF b; **RUN;** | **PROC SQL;**<br>CREATE TABLE TableC AS SELECT A.*, B.*<br>FROM TableA A RIGHT JOIN TableB B ON<br>A.key=B.key; **QUIT;** |
| INNER JOIN<br>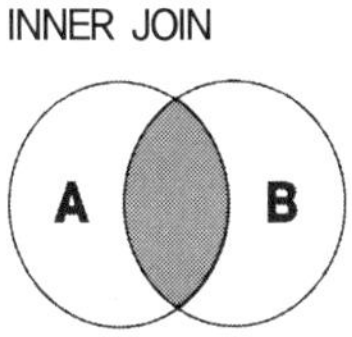 | **PROC SORT** DATA=TableA; BY key; **RUN;**<br>**PROC SORT** DATA=TableB; BY key; **RUN;**<br><br>**DATA** TableC;<br>MERGE TableA(IN=a) TableB(IN=b);<br>BY key;<br>IF a and b; **RUN;** | **PROC SQL;**<br>CREATE TABLE TableC AS SELECT A.*, B.*<br>FROM TableA A INNER JOIN  TableB B<br>ON A.key=B.key; **QUIT;** |
| FULL JOIN<br>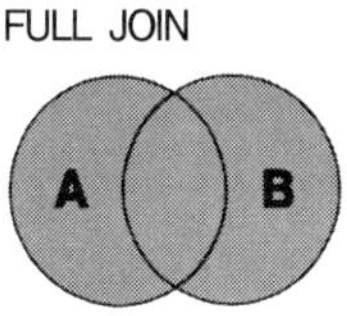 | **PROC SORT** DATA=TableA; BY key; **RUN;**<br>**PROC SORT** DATA=TableB; BY key; **RUN;**<br><br>**DATA** TableC;<br>MERGE TableA TableB;<br>BY key; **RUN;** | **PROC SQL;**<br>CREATE TABLE TableC AS SELECT A.*, B.*<br>FROM TableA A FULL OUTER  JOIN TableB<br>B ON A.key=B.key; **QUIT;** |

9 BY문 뒤에 정렬 옵션을 지정하지 않으면 기본 옵션(default)인 오름차순(ascending)으로 정렬된다. 만약 내림차순(descending)으로 정렬한다면 BY DESCENDING KEY; 로 작성한다. 단 두 데이터 셋 모두 동일하게 오름차순(또는 내림차순)으로 정렬한다.

명을 작성하며, A.*, B.*는 A 데이터 셋의 모든 변수들, B 데이터 셋의 모든 변수들을 포함한다는 의미이다. 만약 A, B 데이터 셋의 특정 변수만을 포함한다면, A.variable1, A.variable2, B.variable3, B.variable4, B.variable5로 작성한다. 여기서 A, B 데이터 셋은 FROM 다음에 정의되는데, TableA는 A로, TableB는 B로 정의하였다. 그리고 ON을 사용하여 두 데이터 셋의 연계키(key)가 동일한 경우로 제한하였다.

SQL문을 사용하여 가로 결합하는 프로그램을 제시하였다. 결합 방법에 따라 결합된 데이터의 수가 다르므로, 데이터 결합 결과를 확인하면서 프로그램을 실행해 보자.

[명세서 일반 테이블과 상병내역 테이블 좌측 결합]

```
PROC SQL;
CREATE TABLE merge1 AS SELECT A.sex_tp_cd,A.age_group,A.cl_cd, B.*
FROM T200 A LEFT JOIN T400 B ON A.mid=B.mid; QUIT;
```

[명세서 일반 테이블과 상병내역 테이블 우측 결합]

```
PROC SQL;
CREATE TABLE merge2 AS SELECT A.sex_tp_cd,A.age_group,A.cl_cd, B.*
FROM T200 A RIGHT JOIN T400 B ON A.mid=B.mid; QUIT;
```

[명세서 일반 테이블과 상병내역 테이블 공통 결합]

```
PROC SQL;
CREATE TABLE merge3 AS SELECT A.sex_tp_cd,A.age_group,A.cl_cd, B.*
FROM T200 A INNER JOIN T400 B ON A.mid=B.mid; QUIT;
```

[명세서 일반 테이블과 상병내역 테이블 전체 결합]

```
PROC SQL;
CREATE TABLE merge4 AS SELECT A.sex_tp_cd,A.age_group,A.cl_cd, B.*
FROM T200 A FULL OUTER JOIN T400 B ON A.mid=B.mid; QUIT;
```

# 10

## 기준 시점 설정

기준 시점(index date)은 분석데이터 구축과 통계 분석에 있어 기준이 되는 시점으로 단면 연구, 환자-대조군 연구, 후향적 코호트 연구를 수행할 때 필수적으로 설정해야 한다. 기준 시점은 연구 기간 중에 처음으로 외래 진료를 받은 일자, 입원 일자, 퇴원 일자 등 연구 목적에 따라 다양하게 정의된다. 첫 외래 진료 일자 또는 입원 일자를 기준 시점으로 설정하여 과거 1년 동안 환자의 과거력을 확인하거나 퇴원 일자를 기준 시점으로 설정하여 진료 내역을 추적함으로써 건강 결과(합병증, 재입원 등)를 확인할 수 있다.

특정 질환에 대한 발생률과 유병률을 산출하는 역학 연구에서는 기준 시점을 설정해야 한다. 연도별로 발생률과 유병률을 분석한다면 매년마다 기준이 되는 시점을 설정한다. 예를 들어, 2020년~2023년 4년 동안 모야모야병[10]의 유병률과 발생률 산출을 위해 다음과 같이 진료 내역을 추출하였다.

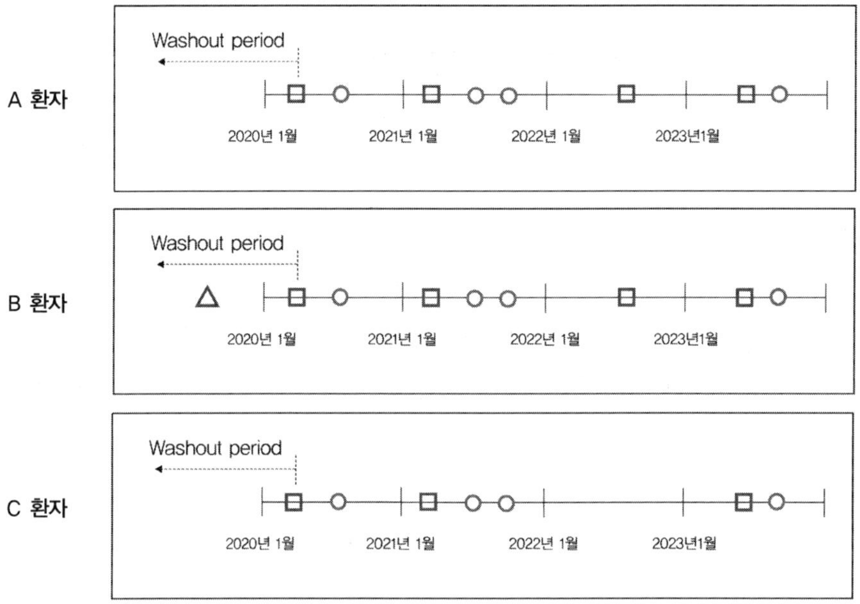


**기준 시점 설정 예시**

발생률은 해당 연도에 처음으로 진단받은 환자를 의미하므로, 기준 시점을 기준으로 사전에 정의된 washout period 동안 진료 내역이 없으면 발생 환자로 정의된다. 반면에 유병률은 해당 연도에 질환을 앓고 있는 환자를 의미하므로 washout period를 고려하지 않고 진료 내역이 있으면 유병 환자로 정의된다. A 환자는 연구 기간 동안 매년 최소 1번 이상 입원 또는 외래 진료를 받았고, 매년 처음 진료받은 시점을 기준 시점으로 설정(사각형)하여 발생률과 유병률을 산출할 수 있다. 이 환자는 washout period 동안 진료 내역이 없고, 2020년에 처음 모야모야병으로 진료를 받았기 때문에 진단 시점인 2020년은 발생 기간으로, 2021년~2023년은 유병 기간에 해당된다. B 환자는 2020년 첫 진료 시점을 기준으로 washout period에 진료받은 경험이 있으므로(세모), 2020~2023년은 유병 기간에 해당된다.

---

10 뇌혈관이 막히고 비정상적인 혈관이 생기는 희귀 질환

역학 연구를 위한 데이터 구축 과정에 고려할 사항으로는, 첫째, 환자별로 washout period를 적용해야 한다. 예를 들어, 기준 시점을 기준으로 이전 1년 동안 진료 내역이 없는 환자를 신규 발생 환자로 정의하고, 기준 시점은 해당 연도에서 가장 처음 진료받은 시점으로 설정하였다. 이 정의에 따라 A 환자는 2020년 3월, B 환자는 2020년 10월, C 환자는 2020년 11월을 기준 시점(네모)으로 설정하였다. 기준 시점을 기준으로 이전 1년 동안 washout period를 적용하면, A 환자는 2020년 3월을 기준으로 1년 전인 2019년 4월부터, B 환자는 2019년 11월부터, C 환자는 2019년 12월부터 washout period가 적용된다. 그러나, 이전 1년인 2019년 전체를 washout period로 일괄적으로 적용하면 B와 C 환자는 1년보다 더 긴 기간이 washout period로 적용된 것을 확인할 수 있다.

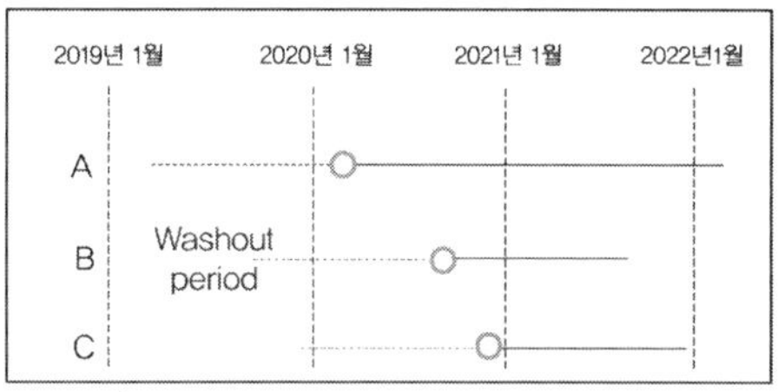

환자별로 washout period 적용

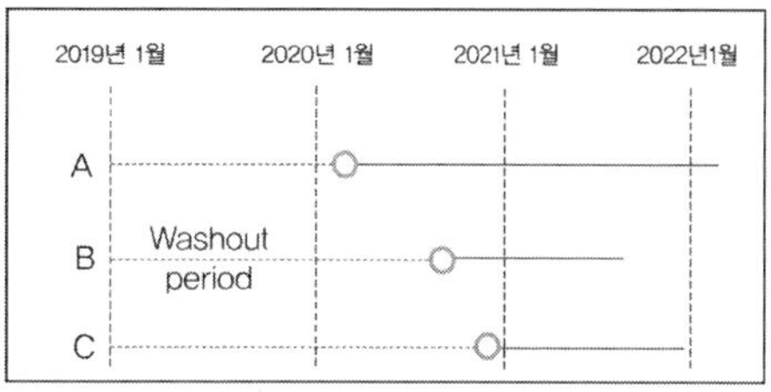

동일한 washout period 적용

역학 연구에 있어 고려해야 할 사항 중 다른 하나는 특정 연도에 진료 내역이 없는 경우이다. C 환자는 2020년에 모야모야병으로 처음 진료를 받았고, 2021년과 2023년에도 모야모야병으로 진료를 받았다. 그러나, 2022년에 진료 내역이 없고 사망하지 않았다면(2023년에 진료 내역이 있으므로 2022년에는 생존), 이 환자는 2022년 유병자 수에 포함되어야 한다. 만약 유병자로 포함하지 않으면, 2022년 유병자 수는 2021년에 비해 1명 적은 반면에 2023년 유병자 수는 발생자가 없음에도 불구하고 2022년 유병자 수보다 1명 많아져 해석하기 어렵다. 따라서, 희귀질환, 만성질환과 같이 지속적인 진료가 필요한 질환을 대상으로 역학 연구를 할 경우에는 진료 내역이 없더라도 사망하지 않았다면 유병자로 분석할 수 있도록 임의로 데이터를 생성하여 분석해야 한다.

|  | A 환자 | B 환자 | C 환자 |
|---|---|---|---|
| 2020년 | 발생 | 유병 | 발생 |
| 2021년 | 유병 | 유병 | 유병 |
| 2022년 | 유병 | 유병 | 유병<br>(임의로 데이터 삽입) |
| 2023년 | 유병 | 유병 | 유병 |

**발생률과 유병률 산출 과정**

기준 시점은 후향적 코호트 연구에서도 설정해야 한다. 후향적 코호트 연구는 환자마다 기준 시점을 설정하고, 기준 시점을 기준으로 일정 기간 추적 관찰하여 합병증 발생과 재입원과 같은 건강 결과를 확인한다. 예를 들어, 급성심근경색증 입원 환자를 대상으로 퇴원 후 30일 내 사망률을 분석하거나, 입원 전 1년 동안 과거력을 확인하는 경우에도 기준 시점을 설정해야 한다.

기준 시점은 분석 목적에 맞게 설정될 필요가 있다. 만약 퇴원 후 30일 내 사망률을 분석한다면 퇴원 시점을 기준 시점으로 정의하고, 입원 전 1년 동안 과거력을 확인한다면 입원 시점이 기준 시점이 된다. 기준 시점 설정은 환자를 추적 관찰하는데 기준이 되는 시점이므로 연구 과정에 명확하게 정의되어야 하고, 연구 방법에 명확하게 서술될 필요가 있다.

기준 시점 설정을 간단하게 설명하면, 환자 1명에 대한 여러 데이터 중에서 기준이 되는 하나의 데이터를 선정하는 과정이다. 만약 환자 1명이 1개 데이터만 있다면 그 데이터가 기준 시점이 된다. 일반적으로 SORT 프로시저에서 NODUPKEY[11] 옵션을 사용하여 중복된 데이터를 삭제하고 하나의 데이터를 선정할 수 있다. 예를 들어, 2024년에 주상병이 인플루엔자인 명세서를 추출하면, 환자마다 최소 1번 이상의 진료 내역이 추출된다. 인플루엔자 환자 수를 산출하기 위해서는 NODUPKEY를 적용하여 중복되는 환자고유번호(jid)를 삭제하고 하나의 환자고유번호만 출력되도록 한다. 즉, NODUPKEY를 적용하면 환자의 다른 데이터는 삭제되고 첫 번째 데이터만 출력된다. NODUPKEY 외에도 FIRST와 LAST문을 사용하면 중복된 데이터를 선택적

11 NODUP 옵션은 변수 값이 모두 동일한 데이터를, NODUPKEY 옵션은 BY문에 지정한 변수 값이 동일한 데이터를 삭제하고 하나의 데이터만 출력한다.

으로 출력할 수 있다. 아래 프로그램은 급성심근경색증 환자의 명세서를 추출(ami 데이터 셋)하고, 환자고유번호(jid)가 동일한 데이터를 삭제하여 ami_pat 데이터 셋을 생성하는 프로그램이다.

```
DATA ami; SET T200;
IF SUBSTR(main_sick,1,3) IN ('I21','I22') THEN OUTPUT; RUN;

PROC SORT DATA=ami NODUPKEY OUT=ami_pat; BY jid; RUN;
```

기준 시점은 FIRST와 LAST를 사용하여 분석 목적에 맞게 설정할 수 있다. FIRST와 LAST는 환자별 또는 특정 그룹별로 첫 번째 데이터 또는 마지막 데이터를 선택할 때 활용되며, SORT 프로시저와 함께 사용된다. 먼저 FIRST와 LAST를 적용할 변수를 기준으로 오름차순 또는 내림차순으로 정렬한다. 그리고 정렬한 데이터 셋을 불러와서 새로운 데이터 셋을 생성하면 가상의 FIRST와 LAST 변수가 생성되고 정렬 변수를 기준으로 더미변수가 설정된다.

다음 프로그램은 환자별로 가장 먼저 진료를 받은 데이터와 가장 마지막에 진료받은 데이터를 가져오는 프로그램이다. 먼저, 환자고유번호(jid)와 요양개시일자를 SORT 프로시저를 사용하여 정렬한다. 환자고유번호가 1인 환자는 1개의 데이터만 있으므로 FIRST와 LAST는 모두 1의 값을 갖는다. 여기서 FIRST와 LAST는 환자별로 생성되므로 FIRST.JID, LAST.JID로 사용된다. 2번 환자는 연구 기간 동안 2번 진료를 받았는데, 오름차순을 기준으로 첫 번째 데이터는 FIRST=1, LAST=0을 갖고, 두 번째 데이터는 FIRST=0, LAST=1을 갖는다. 3번 환자는 3개 데이터로 구성되는데, 오름차순을 기준으로 두 번째 데이터는 FIRST와 LAST가 모두 0의 값을 갖는다. 환자별로 가장 처음 진료받은 데이터를 가져온다면 FIRST.JID=1로, 마지막에 진료받은 데이터를 가져온다면 LAST.JID=1로 IF문을 작성한다. 만약 SORT 프로시저에서 요양개시일자를 내림차순으로 정렬[12]했다면, FIRST.JID=1은 마지막 데이터, LAST.JID=1은 처음 데이터를 의미한다.

---

12 `PROC SORT DATA=Index; BY jid DESCENDING recu_fr_dd; RUN;`

환자고유번호(jid), 요양개시일자(recu_fr_dd)를 기준으로 오름차순 정렬

```
PROC SORT DATA=T200;
BY jid recu_fr_dd; RUN;
```

| jid | recu_fr_dd | recu_to_dd | FIRST | LAST |
|---|---|---|---|---|
| 1 | 20240222 | 20240222 | 1 | 1 |
| 2 | 20230123 | 20230125 | 1 | 0 |
| 2 | 20231123 | 20231123 | 0 | 1 |
| 3 | 20230326 | 20230330 | 1 | 0 |
| 3 | 20240107 | 20240112 | 0 | 0 |
| 3 | 20240305 | 20240305 | 0 | 1 |

가장 처음 데이터를 기준으로 하는 경우

```
PROC SORT DATA=T200;
BY jid recu_fr_dd; RUN;

DATA first_dt; SET T200; BY jid;
IF FIRST.jid=1 THEN OUTPUT; RUN;
```

| jid | recu_fr_dd | recu_to_dd | FIRST | LAST |
|---|---|---|---|---|
| 1 | 20240222 | 20240222 | 1 | 1 |
| 2 | 20230123 | 20230125 | 1 | 0 |
| 2 | 20231123 | 20231123 | 0 | 1 |
| 3 | 20230326 | 20230330 | 1 | 0 |
| 3 | 20240107 | 20240112 | 0 | 0 |
| 3 | 20240305 | 20240305 | 0 | 1 |

가장 마지막 데이터를 기준으로 하는 경우

```
PROC SORT DATA=T200;
BY jid recu_fr_dd; RUN;

DATA last_dt; SET T200; BY jid;
IF LAST.jid=1 THEN OUTPUT; RUN;
```

| jid | recu_fr_dd | recu_to_dd | FIRST | LAST |
|---|---|---|---|---|
| 1 | 20240222 | 20240222 | 1 | 1 |
| 2 | 20230123 | 20230125 | 1 | 0 |
| 2 | 20231123 | 20231123 | 0 | 1 |
| 3 | 20230326 | 20230330 | 1 | 0 |
| 3 | 20240107 | 20240112 | 0 | 0 |
| 3 | 20240305 | 20240305 | 0 | 1 |

연구 기간 동안 환자가 처음 진료받은 일자를 기준 시점으로 정의한다면, FIRST와 LAST를 사용하여 기준 시점을 설정할 수 있다. 그러나, 연도별 발생률 또는 유병률을 산출하기 위해서는 매년마다 기준 시점을 설정해야 한다. 이 경우 환자고유번호(jid)와 연도로 구성된 새로운 변수를 생성하고, 새로운 변수를 기준으로 정렬한 뒤에 FIRST와 LAST를 적용하면 된다. 새로운 변수는 두 문자형 변수를 결합하는 "||"또는 CATS 함수를 사용한다. "||"을 사용하여 환자고유번호와 연도를 결합한다면 COMPRESS 함수를 사용하여 공백을 제거하고, PUT을 적용하여 문자형 변수로 지정한다. 반면에 CATS 함수는 공백을 제거하고 문자형 변수를 결합하므로 별로도 COMPRESS 함수를 적용하지 않아도 된다. 요양개시일자의 첫 번째 자리를 시작으로 네 번째 자리까지를 추출(SUBSTR 함수)하여 연도(year) 변수를 생성하고, 환자고유

번호(jid)와 연도(year) 변수를 결합하여 새로운 변수 jid_year를 생성하였다. jid_year 변수를 정렬한 뒤에 FIRST와 LAST문을 사용하면, 3번 환자는 2023년과 2024년에 각각 처음 진료받은 데이터만 출력된다.

```
DATA first_yr; SET T200;
year=SUBSTR(LEFT(recu_fr_dd),1,4);
jid_year=CATS(jid,year); RUN;
```

| jid | recu_fr_dd | recu_to_dd | year | jid_year |
|---|---|---|---|---|
| 1 | 20240222 | 20240222 | 2024 | 12024 |
| 2 | 20230123 | 20230125 | 2023 | 22023 |
| 2 | 20231123 | 20231123 | 2023 | 22023 |
| 3 | 20230326 | 20230330 | 2023 | 32023 |
| 3 | 20240107 | 20240112 | 2024 | 32024 |
| 3 | 20240305 | 20240305 | 2024 | 32024 |

```
PROC SORT DATA=first_yr; BY jid_year; RUN;
DATA first_yr2; SET first_yr; BY jid_year;
IF FIRST.jid_year=1 THEN OUTPUT; RUN;
```

[참고] 연도별 마지막 데이터를 기준으로 한다면 FIRST.jid_year=1 대신 LAST.jid_year=1 사용

| jid | recu_fr_dd | recu_to_dd | year | jid_year |
|---|---|---|---|---|
| 1 | 20240222 | 20240222 | 2024 | 12024 |
| 2 | 20230123 | 20230125 | 2023 | 22023 |
| 2 | 20231123 | 20231123 | 2023 | 22023 |
| 3 | 20230326 | 20230330 | 2023 | 32023 |
| 3 | 20240107 | 20240112 | 2024 | 32024 |
| 3 | 20240305 | 20240305 | 2024 | 32024 |

### 참고 COMPRESS 함수

COMPRESS 함수는 일반적으로 공백을 제거하는데 사용되지만, 공백 외에 특정 문자 또는 숫자 등을 제거하는 데 사용된다.

| 코드 | 기능 |
|---|---|
| COMPRESS(변수명) | 문자변수의 공백 제거 |
| COMPRESS(변수명, '특정문자') | 문자변수 중에서 특정 문자 제거 |
| KCOMPRESS(변수명, '한글문자') | 영문이 아닌 한글로 구성된 문자변수에서 특정 한글문자를 제거<br>예) 성별 변수가 남성, 여성으로 입력 |
| COMPRESS(변수명, , 'd') | 문자변수에 포함된 숫자 제거 |
| COMPRESS(변수명, '특정문자', 'k') | 문자변수 중에서 특정 문자만 남기기 |

# 11

# 추적 자료 구축

후향적 코호트 연구에서 기준 시점이 설정되면, 기준 시점을 기준으로 일정 기간 동안 환자의 진료 내역을 추적하는 데이터 셋을 구축해야 한다. 추적은 과거력 또는 동반질환을 확인하기 위한 데이터 셋과 합병증 발생, 재입원과 같은 건강 결과를 추적하는 데이터 셋으로 구분할 수 있다. 추적 자료를 구축하기 위해서는 기준 시점 변수로 구성된 데이터 셋과 추적 관찰할 데이터 셋을 각각 구축하고, 두 데이터 셋을 연계하여 추적 자료를 구축한다. 그리고 연계된 데이터 셋에서 기준 시점과 요양개시일자(또는 요양종료일자) 간에 간격을 산출한다. 기준 시점보다 이전 진료 내역이라면 두 일자의 간격은 음수(−)를 갖고, 이후 진료 내역이라면 양수(+) 값을 갖도록 프로그램을 작성한다.

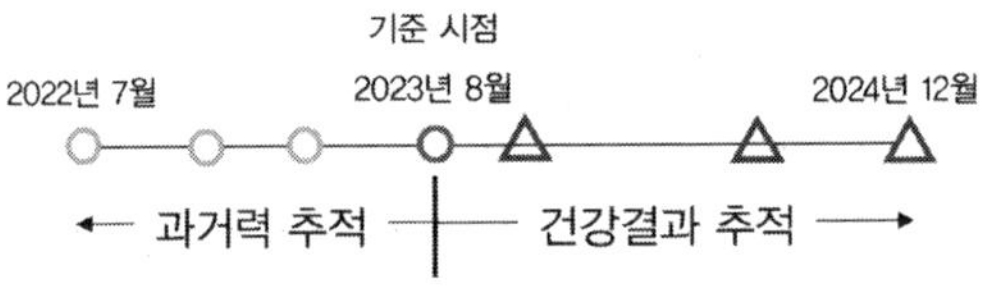


**기준시점 기준 추적 데이터 구축**

2022년 뇌졸중(주상병 I60.x~I64.x) 환자의 첫 진료시점을 기준 시점으로 정의하고, 기준 시점을 기준으로 추적 데이터 셋을 구축하는 프로그램은 다음과 같다. 먼저 주상병을 기준으로 뇌졸중 명세서를 추출하여 환자 수를 확인하고(1단계), 이 환자들의 2021~2023년 명세서를 모두 추출한다(2단계). 기준 일자를 생성하기 위해 뇌졸중 데이터 셋(strk)에서 환자고유번호(jid)와 요양개시일자(recu_fr_dd)를 오름차순으로 정렬한 뒤, 가장 처음 진료받은 일자를 추출하여 기준 일자(index_date)를 설정한다(3단계). 기준 일자 데이터 셋(strk_index1)을 2단계에서 추출한 모든 데이터 셋과 환자고유번호(jid)를 기준으로 가로 결합한 뒤 환자고유번호와 요양개시일자를 기준으로 오름차순 정렬한다(4단계). INTCK 함수를 사용하여 기준 시점과 요양개시일자의 간격을 산출한다. 마지막 5단계에서는 두 일자의 간격을 기준으로 이전 데이터 셋 또는 이후 데이터 셋으로 구분한다.

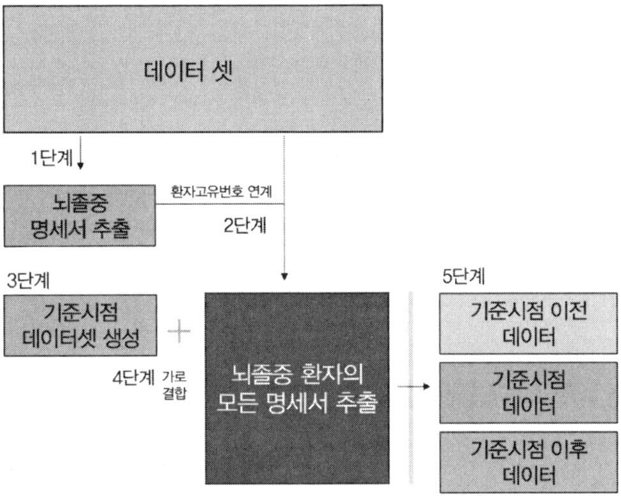


추적자료 구축 과정

[1단계] 2022년 뇌졸중 환자 데이터 셋 생성

```
DATA strk; SET T200;
IF SUBSTR(main_sick,1,3) IN ('I60','I61','I62','I63','I64') AND
SUBSTR(LEFT(recu_fr_dd),1,4)='2022' THEN OUTPUT; RUN;

PROC SORT DATA=strk NODUPKEY OUT=strk_pat; BY jid; RUN;
```

T200 데이터 셋을 불러와서 주상병이 뇌졸중이면서 2022년 진료내역으로 구성된 strk 데이터 셋을 생성한다. 환자고유번호의 중복을 제거(NODUPKEY 적용)하여 뇌졸중 환자 목록을 작성한다(strk_pat).

[2단계] 뇌졸중 환자의 모든 데이터 추출

```
PROC SQL;
CREATE TABLE follow AS SELECT * FROM T200
WHERE jid IN (SELECT jid FROM strk_pat);
QUIT;
```

T200 데이터 셋에서 모든 변수(SELECT *)를 불러와서 follow 데이터 셋을 생성한다. follow 데이터 셋은 strk_pat 데이터 셋에 포함된 환자고유번호(jid)와 동일한 데이터(WHERE문)만 가져온다.

[3단계] 기준 일자(index date) 설정

```
PROC SORT DATA=strk; BY jid recu_fr_dd; RUN;
DATA strk_index1; SET strk; BY jid;
FORMAT index_date YYMMDD10.;
index_date=INPUT(LEFT(recu_fr_dd),YYMMDD10.);
KEEP jid index_date;
IF FIRST.jid=1 THEN OUTPUT; RUN;
```

환자별로 1건 이상의 명세서가 청구될 수 있으므로 가장 처음 청구한 명세서를 기준일자로 설정하기 위한 프로그램이다. 먼저, 환자고유번호와 요양개시일자를 기준으로 오름차순으로 정렬을 한다. 정렬된 strk 데이터 셋을 불러와서 FIRST문으로 가장 처음 청구된 명세서를 선정하면 기준 일자(index_date)를 선정할 수 있다(IF FIRST.jid=1 TEHN OUTPUT;). 기준 일자는 문자형 변수이므로 FORMAT문을 적용하여 날짜형 변수로 변경하고, KEEP문을 사용하여 분석에 필요한 변수만 선정하였다.

[4단계] 기준 일자 데이터 셋과 환자 모든 데이터 셋을 연계하여 일자 간격 산출

```
PROC SQL;
CREATE TABLE strk_index2 AS SELECT A.*, B.*
FROM strk_index1 A LEFT JOIN follow B ON A.jid=B.jid; QUIT;

PROC SORT DATA=strk_index2; BY jid recu_fr_dd; RUN;
```

```
DATA strk_index3; set strk_index2;
FORMAT start_date YYMMDD10.;
start_date=INPUT(LEFT(recu_fr_dd),YYMMDD10.);
interval=INTCK('DAY',index_date,start_date); RUN;
```

SQL문을 사용하여 환자고유번호를 기준으로 기준시점을 설정한 데이터 셋(strk_index1)과 추적 데이터 셋(follow)을 좌측 결합한다. 환자별로 진료 일자를 확인하기 위해 좌측 결합한 데이터 셋(strk_index2)을 환자고유번호와 요양개시일자를 기준으로 오름차순으로 정렬한다. 정렬된 데이터 셋을 불러와서 strk_index3 데이터 셋을 생성하는데, 기준 일자(index_date)와 요양개시일자(recu_fr_dd)의 차이(interval)를 계산한다. 요양급여개일자는 문자형 변수이므로, 날짜형 변수(start_date)로 변경하고, INTCK 함수를 사용하여 일자 간 차이를 계산한다.

[5단계] 간격을 기준으로 데이터 셋 구분

```
DATA previous forward; SET strk_index3;
IF -365<=interval<0 THEN OUTPUT previous;
ELSE IF 0<interval<=365 THEN OUTPUT forward; RUN;
```

기준 일자(index_date)와 요양개시일자(start_date)의 차이가 음수(-)이면 기준 일자를 기준으로 이전 진료 내역, 양수(+)이면 기준 일자를 기준으로 이후 진료 내역에 해당된다. 기준 일자를 기준으로 이전 1년 진료 내역은 previous 데이터 셋으로, 이후 1년 진료 내역은 forward 데이터 셋으로 생성된다. 기준 일자와 요양개시일자의 차이(interval)가 0인 명세서는 previous와 forward 데이터 셋에 포함하지 않았는데, 만약 기준 일자에 대한 명세서를 forward 데이터 셋으로 포함한다면 0<interval<=365 대신 0<=interval<=365를 사용하면 된다.

# 12

## 동반질환 구축

동반질환(comorbidity)이라는 용어는 "함께"를 의미하는 "co"와 "질병"을 의미하는 "morbus"을 조합한 라틴에서 유래되었다.[13] Feinstein은 "연구 중인 질병의 임상 과정 중에 존재하였거나 발생할 수 있는 별개의 추가적인 임상 실체(clinical entity)"로 동반질환을 처음 정의하였다.[14] 그리고, 동반질환은 환자의 예후에 영향을 미칠 뿐만 아니라 치료 계획과 건강 결과를 변경할 가능성도 있다고 제시하였다. 일반적으로 동반질환은 관심 대상 또는 연구 대상 질환(primary diagnosis) 이외에 환자가 갖고 있는 의학적 상태(medical conditions)를 의미하며, 전반적인 건강상태, 자가 평가 건강, 활동 상태, 진행 단계(stage) 등을 측정하는 척도는 아니다. 반면에 과거력(medical history)은 환자의 전반적인 건강 이력을 의미하며, 의학적 상태, 검사 이력 등을 포함한다. 동반질환은 건강보험청구자료를 활용한 성과 연구(outcome study)에서 핵심적인 교란 요인[15]으로, 건강보험청구자료는 임상 검사 결과 또는 환자 상태를 확인할 수 있는 정보가 제한적이기 때문에 환자의 중증도를 대리하는 변수(surrogate variable)로 활용된다. 건강보험청구자료에서 동반질환 데이터 셋을 구축하기 위해서는 동반질환 측정 방법 선택, 관찰기간 설정, 진단명의 범위 설정을 고려해야 한다.[16]

---

13 Charlson ME, Carrozzino D, Guidi J, Patierno C. Charlson Comorbidity Index: A Critical Review of Clinimetric Properties. Psychother Psychosom. 2022;91(1):8-35.

14 Feinstein AR. The pre-therapeutic classification of co-morbidity in chronic disease. J Chronic Dis. 1970;23(7):455–68.

15 Han SJ, Kim KH. Adjusting for confounders in outcomes studies using the Korea National Health Insurance Claim Database: A review of methods and applications. Journal of Preventive Medicine and Public Health 2024;57(1):1-7.

16 김경훈. 건강보험청구자료에서 동반질환 보정방법. 보건행정학회지 2016;26(1):71-78.

## 동반질환 측정 방법 선택

측정 방법에는 합병증 발생, 사망과 같은 건강 결과에 영향을 줄 것으로 기대되는 질환을 문헌 검토와 임상적 판단에 근거하여 선정하는 방법(ad hoc selection)과 동반질환 측정도구를 사용하는 방법이 있다. 동반질환 선정 방법은 기존 연구들에서 건강 결과와 유의한 관련이 있다고 보고한 질환, 임상적 판단에 근거하여 관련성이 있는 질환, 단변량 분석(univariate analysis)에서 통계적으로 유의한 관련성이 있는 질환 등으로 선정할 수 있다.

동반질환 측정도구는 진단명을 사용하는 방법과 의약품 처방 내역을 사용하는 방법으로 구분된다. 만성질환점수(chronic disease score, CDS)[17]는 의약품 처방자료를 사용하여 동반질환을 산출하는 방법으로, 과다 혹은 과소 입력될 가능성이 있는 상병을 사용하지 않아 동반질환 선정에 있어 민감도(sensitivity)[18]가 높다는 장점이 있다. 그러나, 하나의 의약품이 둘 이상의 질환에 처방될 가능성이 있고, 의약품이 개발되거나 급여가 되면 매번 의약품 목록을 갱신해야 하는 제한점이 있다. 또한, 의약품 처방 내역을 상병으로 역코딩한다는 점에서 시간 소모적이라는 단점이 있다. 진단명을 사용하는 대표적인 동반질환 측정도구로는 Charlson 동반질환지수(Charlson comorbidity index)[19]와 Elixhauser의 동반질환(Elixhauser's comorbidity measurement)[20]이 있다. 동반질환 측정도구는 사전에 정의된 기준에 따라 동반질환을 측정하기 때문에 연구들 간에 비교 가능성이 높다는 점에서 동반질환 선정 방법(ad hoc selection)보다 선호된다.

Charlson 동반질환지수는 환자의 건강 결과에 유의한 영향을 주는 17개 질환에 대한 상대적 위험비(relative risk)를 토대로 일정한 가중치를 부여하고, 그 가중치의 합으로 정의된다. 즉, 환자의 동반질환을 하나의 값으로 요약한다는 장점이 있다. Charlson 동반질환지수는 의무기록자료를 사용하여 개발되었는데, 행정자료를 활용한 연구에 적

---

**17** Von Korff M, Wagner EH, Saunders K. A chronic disease score from automated pharmacy data. J Clin Epidemiol 1992;45(2):197-203.

**18** 실제로 동반질환일 때 동반질환으로 측정하는 경우

**19** Charlson ME, Pompei P, Ales KL, MacKenzie CR. A new method of classifying prognostic comorbidity in longitudinal studies: development and validation. J Chronic Dis 1987;40(5):373-383.

**20** Elixhauser A, Steiner C, Harris DR, Coffey RM. Comorbidity measures for use with administrative data. Med Care 1998;36(1):8-27.

용하기 위해 17개 질환에 대한 ICD-9 또는 ICD-10 코드가[21,22,23] 정의되었다. 건강보험청구자료에서 상병은 ICD-10에 기반한 KCD 코드를 사용하기 때문에 Quan 등이 정의한 ICD-10 알고리즘이 일반적으로 사용된다. 건강보험청구자료를 사용하여 ICD-10 알고리즘을 비교한 결과, Quan 등이 정의한 알고리즘은 다른 알고리즘에 비해 예측력이 높다는 연구가 보고되었다.[24] Charlson 동반질환지수는 1987년에 개발되었는데, 만성질환 관리, 치료와 의료기술 향상으로 30여 년 전에 개발된 가중치를 갱신할 필요성이 제기되어 2011년에 가중치를 갱신한 연구가 보고되었다.[25]

**Charlson 동반질환 목록(Quan 알고리즘)과 가중치**

| | KCD | 가중치 |
|---|---|---|
| Myocardial infarction | I21.x, I22.x, I25.2 | 1 |
| Congestive heart failure | I09.9, I11.0, I13.0, I13.2, I25.5, I42.0, I42.5-I42.9, I43.x, I50.x, P29.0 | 1 |
| Peripheral vascular disease | I70.x, I71.x, I73.1, I73.8, I73.9, I77.1, I79.0, I79.2, K55.1, K55.8, K55.9, Z95.8, Z95.9 | 1 |
| Cerebrovascular disease | G45.x, G46.x, H34.0, I60.x-I69.x | 1 |
| Dementia | F00.x-F03.x, F05.1, G30.x, G31.1 | 1 |
| Chronic pulmonary disease | I27.8, I27.9, J40.x-J47.x, J60.x-J67.x, J68.4, J70.1, J70.3 | 1 |
| Rheumatologic disease | M05.x, M06.x, M31.5, M32.x-M34.x, M35.1, M35.3, M36.0 | 1 |
| Peptic ulcer disease | K25.x-K28.x | 1 |
| Mild liver disease | B18.x, K70.0-K70.3, K70.9, K71.3-K71.5, K71.7, K73.x, K74.x, K76.0, K76.2-K76.4, K76.8, K76.9, Z94.4 | 1 |
| Diabetes without chronic complication | E10.0, E10.1, E10.6, E10.8, E10.9, E11.0, E11.1, E11.6, E11.8, E11.9, E12.0, E12.1, E12.6, E12.8, E12.9, E13.0, E13.1, E13.6, E13.8, E13.9, E14.0, E14.1, E14.6, E14.8, E14.9 | 1 |

---

21 Quan H, Sundararajan V, Halfon P, Fong A, Burnand B, Luthi JC, et al. Coding algorithms for defining comorbidities in ICD-9-CM and ICD-10 administrative data. Med Care 2005;43(11):1130-1139.

22 Halfon P, Eggli Y, van Melle G, Chevalier J, Wasserfallen JB, Burnand B. Measuring potentially avoidable hospital readmissions. J Clin Epidemiol 2002;55(6):573-587.

23 Sundararajan V, Henderson T, Perry C, Muggivan A, Quan H, Ghali WA. New ICD-10 version of the Charlson comorbidity index predicted inhospital mortality. J Clin Epidemiol 2004;57(12): 1288-1294.

24 Kim KH. Comparative study on three algorithms of the ICD-10 Charlson comorbidity index with myocardial infarction patients. J Prev Med Public Health 2010;43(1):42-49.

25 Quan H, Li B, Couris CM, Fushimi K, Graham P, Hider P, et al. Updating and validating the Charlson comorbidity index and score for risk adjustment in hospital discharge abstracts using data from 6 countries. Am J Epidemiol 2011;173(6):676-682.

|  | KCD | 가중치 |
|---|---|---|
| Diabetes with chronic complication | E10.2-E10.5, E10.7, E11.2-E11.5, E11.7, E12.2-E12.5, E12.7, E13.2-E13.5, E13.7, E14.2-E14.5, E14.7 | 2 |
| Hemiplegia or paraplegia | G04.1, G11.4, G80.1, G80.2, G81.x, G82.x, G83.0- G83.4, G83.9 | 2 |
| Renal disease | I12.0, I13.1, N03.2-N03.7, N05.2-N05.7, N18.x, N19.x, N25.0, Z49.0-Z49.2, Z94.0, Z99.2 | 2 |
| Any malignancy including leukemia and lymphoma | C00.x-C26.x, C30.x-C34.x, C37.x-C41.x, C43.x, C45.x-C58.x, C60.x-C76.x, C81.x-C85.x, C88.x, C90.x-C97.x | 2 |
| Moderate or severe liver disease | I85.0, I85.9, I86.4, I98.2, K70.4, K71.1, K72.1, K72.9, K76.5, K76.6, K76.7 | 3 |
| Metastatic solid tumor | C77.x-C80.x | 6 |
| Acquired immune deficiency syndrome/ human immunodeficiency virus | B20.x-B22.x, B24.x | 6 |

Elixhauser 등은 건강보험청구자료와 같은 행정자료에서 동반질환을 측정하기 위해 30개 질환으로 구성된 동반질환 목록을 개발하였다.[26] 개발 당시에는 재원 기간, 진료비, 병원 내 사망과 유의한 관련성이 있는 30개 질환이 제시되었지만, 합병증을 동반한 고혈압과 합병증을 동반하지 않는 고혈압으로 분리되어 31개 질환으로 구성된다. Elixhasuer의 동반질환은 Charlson 동반질환지수와 달리 하나의 지수로 환산하지 않고, 31개 질환을 이분형(binary) 형태로 회귀모형에 사용된다.[27] Charlson 동반질환지수와 동일하게 Elixhauser의 동반질환을 하나의 점수로 환산하는 연구[28,29]도 보고되었다.

Charlson 동반질환지수와 Elixhauser의 동반질환을 비교하면, Charlson 동반질환지수는 정신질환 중에서 치매만 포함하지만, Elixhauser의 동반질환은 알코올 남용,

26 Elixhauser A, Steiner C, Harris DR, Coffey RM. Comorbidity measures for use with administrative data. Med Care 1998;36(1):8-27.

27 31개 질환별로 범주가 0과 1로 구성된 31개 독립변수로 구성

28 Dominick KL, Dudley TK, Coffman CJ, Bosworth HB. Comparison of three comorbidity measures for predicting health service use in patients with osteoarthritis. Arthritis Rheum 2005;53(5):666-672.

29 Van Walraven C, Austin PC, Jennings A, Quan H, Forster AJ. A modification of the Elixhauser comorbidity measures into a point system for hospital death using administrative data. Med Care 2009;47(6):626-633.

약물 남용, 우울증과 같은 정신질환이 포괄적으로 포함된다. Elixhauser의 동반질환 목록에는 비만과 체중 감소 등이 포함되는데, 진료비 심사를 목적으로 구축된 건강보험청구자료의 특성을 고려하면 이러한 동반질환들은 과소 입력될 가능성이 높다. Elixhauser의 동반질환은 모형 예측력 측면에서 Charlson 동반질환지수에 비해 높다는 연구들이 다수 보고되었다.[30] 그러나, Charlson 동반질환지수는 환자의 동반질환을 하나의 값으로 요약할 수 있고, 다른 연구와 비교 가능성이 높다는 점에서 Elixhauser의 동반질환보다 선호된다.

**Elixhauser의 동반질환 목록**

| | KCD |
|---|---|
| Congestive heart failure | I09.9, I11.0, I13.0, I13.2, I25.5, I42.0, I42.5-I42.9, I43.x, I50.x, P29.0 |
| Cardiac arrhythmias | I44.1-I44.3, I45.6, I45.9, I47.x-I49.x, R00.0, R00.1, R00.8, T82.1, Z45.0, Z95.0 |
| Valvular disease | A52.0, I05.x-I08.x, I09.1, I09.8, I34.x-I39.x, Q23.0-Q23.3, Z95.2-Z95.4 |
| Pulmonary circulation disorders | I26.x, I27.x, I28.0, I28.8, I28.9 |
| Peripheral vascular disorders | I70.x, I71.x, I73.1, I73.8, I73.9, I77.1, I79.0, I79.2, K55.1, K55.8, K55.9, Z95.8, Z95.9 |
| Hypertension, uncomplicated | I10.x |
| Hypertension, complicated | I11.x-I13.x, I15.x |
| Paralysis | G04.1, G11.4, G80.1, G80.2, G81.x, G82.x, G83.0-G83.4, G83.9 |
| Neurodegenerative disorders | G10.x-G13.x, G20.x-G22.x, G25.4, G25.5, G31.2, G31.8, G31.9, G32.x, G35.x-G37.x, G40.x, G41.x, G93.1, G93.4, R47.0, R56.x |
| Chronic pulmonary disease | I27.8, I27.9, J40.x-J47.x, J60.x-J67.x, J68.4, J70.1, J70.3 |
| Diabetes, uncomplicated | E10.0, E10.1, E10.9, E11.0, E11.1, E11.9, E12.0, E12.1, E12.9, E13.0, E13.1, E13.9, E14.0, E14.1, E14.9 |
| Diabetes, complicated | E10.2-E10.8, E11.2-E11.8, E12.2-E12.8, E13.2-E13.8, E14.2-E14.8 |
| Hypothyroidism | E00.x-E03.x, E89.0 |
| Renal failure | I12.0, I13.1, N18.x, N19.x, N25.0, Z49.0-Z49.2, Z94.0, Z99.2 |
| Liver disease | B18.x, I85.x, I86.4, I98.2, K70.x, K71.1, K71.3-K71.5, K71.7, K72.x-K74.x, K76.0, K76.2-K76.9, Z94.4 |
| Peptic ulcer disease, no bleeding | K25.7, K25.9, K26.7, K26.9, K27.7, K27.9, K28.7, K28.9 |

30 김경훈. 건강보험청구자료에서 동반질환 보정방법. 보건행정학회지 2016;26(1):71-78.

| | KCD |
|---|---|
| Acquired immune deficiency syndrome/ human immunodeficiency virus | B20.x-B22.x, B24.x |
| Lymphoma | C81.x-C85.x, C88.x, C96.x, C90.0, C90.2 |
| Metastatic cancer | C77.x-C80.x |
| Solid tumor without metastasis | C00.x-C26.x, C30.x-C34.x, C37.x-C41.x, C43.x, C45.x-C58.x, C60.x-C76.x, C97.x |
| Rheumatoid arthritis/ collagen vascular diseases | L94.0, L94.1, L94.3, M05.x, M06.x, M08.x, M12.0, M12.3, M30.x, M31.0-M31.3, M32.x-M35.x, M45.x, M46.1, M46.8, M46.9 |
| Coagulopathy | D65-D68.x, D69.1, D69.3-D69.6 |
| Obesity | E66.x |
| Weight loss | E40.x-E46.x, R63.4, R64 |
| Fluid and electrolyte disorders | E22.2, E86.x, E87.x |
| Blood loss anemia | D50.0 |
| Deficiency anemia | D50.8, D50.9, D51.x-D53.x |
| Alcohol abuse | F10, E52, G62.1, I42.6, K29.2, K70.0, K70.3, K70.9, T51.x, Z50.2, Z71.4, Z72.1 |
| Drug abuse | F11.x-F16.x, F18.x, F19.x, Z71.5, Z72.2 |
| Psychosis | F20.x, F22.x-F25.x, F28.x, F29.x, F30.2, F31.2, F31.5 |
| Depression | F20.4, F31.3-F31.5, F32.x, F33.x, F34.1, F41.2, F43.2 |

### 관찰기간(look-back period)

관찰기간은 기준 시점(index date)을 기준으로 동반질환을 얼마 동안 관찰할 것인지를 의미한다. 관찰기간을 길게 설정할수록 동반질환 유병률은 증가하지만, 데이터 추출과 구축을 위한 많은 시간과 노력이 요구된다. 예를 들어, 관찰기간을 3년으로 설정하면 1년으로 설정한 경우에 비해 동반질환 유병률은 증가하지만 데이터를 구축하는데 소요되는 시간이 길어질 수 밖에 없다. 건강보험청구자료를 사용하여 관찰기간을 모형의 예측력 측면에서 비교한 결과,[31,32] 관찰기간이 증가하더라도 모형의 예측력은 큰 차이가 없어 관찰기간을 1년으로 제안한 연구가 있지만, 관찰기간 설정 방법에 대한 구체적인 가이드라인은 보고되지 않았다. 연구자들은 건강보험청구자료의 접근 가능성, 연구 대

31 Kim KH, Ahn LS. A comparative study on comorbidity measurements with Lookback period using health insurance database: focused on patients who underwent percutaneous coronary intervention. J Prev Med Public Health 2009;42(4):267-273.

32 Kim KH. Comparative study on three algorithms of the ICD-10 Charlson comorbidity index with myocardial infarction patients. J Prev Med Public Health 2010;43(1):42-49.

상의 임상적 특성과 연구 목적 등을 고려하여 동반질환 측정기간을 설정해야 한다.

관찰기간 선정에 있어 또 다른 고려 사항은 기준 시점 데이터의 포함 여부이다. 예를 들어, 2024년 12월 1일에 입원한 환자의 동반질환을 측정한다고 가정하자. 기준시점은 입원 시점인 2024년 12월 1일이며, 과거 1년 간 진료 내역을 추적하여 동반질환을 측정하고자 한다. 이 경우 2024년 12월 1일에 기록된 상병을 동반질환으로 포함할 것인지에 대한 결정이 요구된다. 동반질환은 합병증과 구분될 필요가 있으며, 시간적인 측면을 고려할 때 2024년 12월 1일 이후에 발생한 질환은 합병증으로 고려될 수 있다. 건강보험청구자료에는 환자가 입원 전에 있었던 질환인지, 입원 중에 발생한 질환인지 구분하는 입원 시 상병(Present on admission, PoA)[33]이 수집되고 있지만 연구자에게 개방되지 않는다. 동반질환은 환자가 기존에 갖고 있었던 의학적 상태를 의미하므로, 동반질환의 과다 추계 가능성을 줄이고, 동반질환 선정의 민감도(sensitivity)를 고려할 때 기준 시점(2024년 12월 1일)에 해당되는 상병을 동반질환에서 제외하는 것이 적절하다고 할 수 있다(저자 의견).

## 상병 범위 결정

건강보험심사평가원은 명세서 일반 테이블에서 주상병과 제1부상병(국민건강보험공단은 주상병 1개와 부상병 4개)을, 상병내역 테이블에서 모든 상병을 개방한다. 상병은 입원과 외래 영역으로 구분되므로 동반질환 측정을 위한 상병의 범위는 아래와 같이 구분할 수 있다.

**동반질환 측정에서 상병 범위**

| | | 상병 범위 | | |
|---|---|---|---|---|
| | | 주상병 | 주상병+제1부상병 | 모든 상병(주상병+부상병) |
| 진료 영역 | 입원 | ① | ④ | ⑦ |
| | 외래 | ② | ⑤ | ⑧ |
| | 입원+외래 | ③ | ⑥ | ⑨ |

33 환자가 입원 당시에 가지고 있었던 질환 또는 상태를 의미하며, 입원 기간 동안 새롭게 진단된 상병과 입원 시점 이전부터 갖고 있던 상병을 구분함

상병의 범위를 결정하기 위해서는 질환의 진료적 특성을 고려해야 되는데, 동반질환은 입원 진료 중심과 외래 진료 중심 질환으로 분류할 할 수 있다. 예를 들어, 고혈압은 외래 진료 중심 질환에 해당되므로 진료 영역을 입원으로만 제한한다면 고혈압을 갖고 있는 환자의 비율은 적을 수 밖에 없다. 즉, 특정 진료 영역만을 범위로 설정하면 동반질환 유병률이 과소 추계될 가능성이 높으므로 입원과 외래 진료 영역을 모두 포함하는 것이 적절하다고 할 수 있다. 상병의 범위는 연구자의 임상적 판단과 데이터 접근 가능성에 근거하여 결정되며, 건강보험청구자료의 제한점인 상병의 업코딩 가능성을 고려하여 주상병과 제1부상병으로 범위를 설정하기도 한다. 주상병만을 범위로 설정하거나 제1부상병만을 범위로 설정하면 동반질환이 과소 추계될 가능성이 있다. 그리고 특정 순위까지의 부상병을 범위로 설정할 수 있으나(예를 들어, 부상병 3순위, 5순위), 이러한 접근 방식이 타당한지 검증되지 않았다.

## 동반질환 데이터 구축

동반질환 측정 방법을 선택하고, KCD 코드를 정의한 뒤에는 동반질환 데이터를 구축한다. 상병내역 테이블은 long-form으로 상병이 입력되어 있어(상병 변수가 1개), 비교적 간단하게 SAS 프로그램을 작성할 수 있다. 반면 명세서 일반 테이블의 주상병과 제1부상병(또는 다른 부상병)으로 상병 범위를 설정하였다면 SAS 프로그램이 길어지고 프로그램 작성 과정이 복잡해진다.[34] 이 경우에는 wide form으로 구성된 명세서 일반 테이블을 상병내역 테이블과 같이 long form으로 전환하면 SAS 프로그램을 단순화할 수 있고, 프로그램 코딩 과정에 오류 발생 가능성을 줄일 수 있다.

34 주상병과 부상병 각각에 대해 동반질환 해당 여부를 프로그램으로 작성

명세서 일반 테이블

| 명세서 고유번호 | 주상병 | 제1부상병 |
|---|---|---|
| 1 | I211 | E102 |
| 2 | K702 | I100 |
| 2 | K71 | I11 |
| 3 | I630 | E10 |
| 3 | I629 | E101 |

상병 내역 테이블

| 명세서 고유번호 | 상병분류 코드 | 상병코드 (기호) |
|---|---|---|
| 1 | 1 | I211 |
| 1 | 2 | E102 |
| 2 | 1 | K702 |
| 2 | 2 | I100 |
| 2 | 1 | K71 |
| 2 | 2 | I11 |
| 3 | 1 | I630 |
| 3 | 2 | E10 |
| 3 | 1 | I629 |
| 3 | 2 | E101 |

**명세서 일반 테이블과 상병 내역 테이블 구조**

명세서 일반 테이블을 그대로 사용하면 아래와 같이 long form으로 변경한 테이블에 비해 SAS 프로그램이 복잡해진다. 명세서 일반 테이블을 그대로 사용하면 심근경색(mi)과 울혈성 심부전(chf) 여부를 주상병(main_sick)과 제1부상병(sub_sick) 각각에 대해 프로그램을 작성해야 된다. 반면 long form으로 변경하면 하나의 변수(sick_cd)에 대해서만 프로그램을 작성하면 된다.

[명세서 일반 테이블을 long form으로 변경하지 않은 경우]

```
IF SUBSTR(main_sick,1,3) IN ('I21', 'I22') OR SUBSTR(main_sick,1,4) IN
('I252') OR SUBSTR(sub_sick,1,3) IN ('I21', 'I22') OR
SUBSTR(sub_sick,1,4) IN ('I252') THEN mi=1;
ELSE IF SUBSTR(main_sick,1,3) IN ('I43', 'I50') or
SUBSTR(main_sick, 1,4) IN ('I099', 'I110', 'I130', 'I132', 'I255',
'I420', 'I425', 'I426', 'I427', 'I428', 'I429', 'P290') OR
SUBSTR(sub_sick,1,3) IN ('I43', 'I50') or SUBSTR(sub_sick,1,4) IN
('I099', 'I110', 'I130', 'I132', 'I255', 'I420', 'I425', 'I426',
'I427', 'I428', 'I429', 'P290') THEN chf=1;
```

[명세서 일반 테이블을 long form으로 변경한 경우]

```
IF SUBSTR(sick_cd,1,3) IN ('I21', 'I22') OR SUBSTR(sick_cd,1,4) IN
('I252') THEN mi=1;
ELSE IF SUBSTR(sick_cd,1,3) IN ('I43', 'I50') or SUBSTR(sick_cd, 1,4)
IN ('I099', 'I110', 'I130', 'I132', 'I255', 'I420', 'I425', 'I426',
'I427', 'I428', 'I429', 'P290') THEN chf=1;
```

### 참고 TRANSPOSE 프로시저

TRANSPOSE 프로시저는 데이터의 행과 열의 위치를 전치한다. 이 프로시저를 실행하기 전에 전환 기준이 되는 변수(BY문 뒤에 있는 변수)를 사전에 정렬(SORT 프로시저 사용)해야 한다. Syntax는 다음과 같다.

PROC TRANSPOSE DATA=데이터셋명 OUT=새로운 데이터셋명;
BY 변수명; → 전환하는 기준 설정
VAR 변수명; → 행과 열을 전환할 변수명
ID 변수명; → 입력된 변수들의 조합으로 새로운 변수명 생성
RUN;

```
DATA trans;
INPUT num time $ score @@;
CARDS;
1 first 80 1 second 85
1 third 82 2 first 67
2 third 91 3 first 73 3 second 69
;
RUN;
```

환자의 진료 차수별 진료비

| num | time | cost |
|---|---|---|
| 1 | first | 80 |
| 1 | second | 85 |
| 1 | third | 82 |
| 2 | first | 67 |
| 2 | third | 91 |
| 3 | first | 73 |
| 3 | second | 69 |

```
PROC SORT DATA=trans; BY num time; RUN;

PROC TRANSPOSE DATA=trans OUT=trans2;
BY num;
VAR score; RUN;
```

번호(num) 변수를 기준으로 행과 열을 전치

| num | _NAME_ | COL1 | COL2 | COL3 |
|---|---|---|---|---|
| 1 | cost | 80 | 85 | 82 |
| 2 | cost | 67 | 91 | . |
| 3 | cost | 73 | 69 | . |

```
PROC SORT DATA=trans; BY num time; RUN;
PROC TRANSPOSE DATA=trans OUT=trans3;
BY num;
ID time;
VAR score; RUN;
```

번호(num) 변수를 기준으로 행과 열을 전치하되, 진료비(cost)의 변수명을 진료 차수(time)로 사용

| num | _NAME_ | first | second | third |
|---|---|---|---|---|
| 1 | cost | 80 | 85 | 82 |
| 2 | cost | 67 | 91 | . |
| 3 | cost | 73 | 69 | . |

**참고** 명세서 일반 테이블의 주상병과 제1부상병을 long form으로 변경

<table>
<tr><th>프로그램</th><th>테이블</th></tr>
<tr><td>

```
DATA st200;
INPUT mid main_sick $ sub_sick $;
CARDS;
1 I101 E102
2 H201 J34
3 K10 B131
;
RUN;
```

</td><td>

| MID | main_sick | sub_sick |
|---|---|---|
| 1 | I101 | E102 |
| 2 | H201 | J34 |
| 3 | K10 | B131 |

</td></tr>
<tr><td>

```
DATA st200L; SET st200;
sick=main_sick; OUTPUT;
sick=sub_sick; OUTPUT;
KEEP mid sick; RUN;
```

</td><td>

| MID | sick |
|---|---|
| 1 | I101 |
| 1 | E102 |
| 2 | H201 |
| 2 | J34 |
| 3 | K10 |
| 3 | B131 |

</td></tr>
</table>

동반질환 데이터 셋을 구축하기 위해서는 먼저 기준 시점만으로 구성된 데이터 셋을 구축한다. 그리고, 이 데이터 셋을 환자 추적 데이터 셋과 연계하여 기준 시점과 요양개시일자(또는 요양종료일자)의 간격을 산출하여 과거력 데이터 셋을 구축한다.

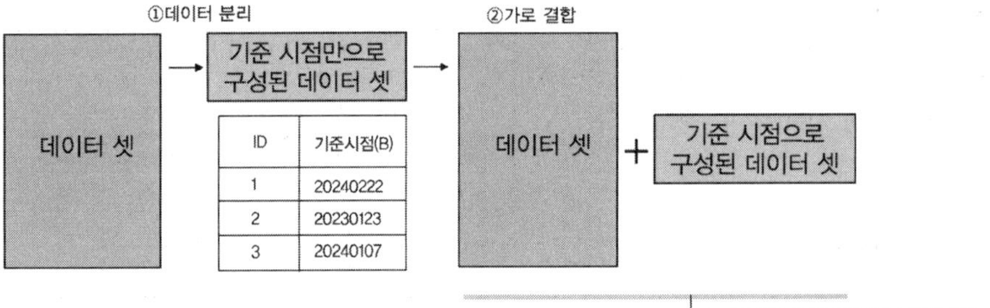


| ID | 요양개시 일자(A) | … | 요양종료 일자(A') | 기준시점(B) | 간격 (B-A) 또는 (B-A') |
|---|---|---|---|---|---|
| 1 | 20240222 | .. | 20240222 | 20240222 | |
| 2 | 20230123 | .. | 20230125 | 20230123 | |
| 2 | 20231123 | .. | 20231123 | 20230123 | |
| 3 | 20230326 | .. | 20230330 | 20240107 | |
| 3 | 20240107 | .. | 20240112 | 20240107 | |
| 3 | 20240305 | .. | 20240305 | 20240107 | |

**동반질환 데이터 셋 구축 과정**

아래 프로그램은 2023년 암으로 진료받은 환자(주상병 기준)의 동반질환 데이터를 구축하는 과정이다. 2023년 진료 내역 중에서 가장 처음 진료받은 일자를 기준 일자로 정의하였다. 그리고, 동반질환 데이터는 기준 일자를 기준으로 이전 1년 동안 진료내역(명세서 일반 테이블→주상병과 제1부상병)을 추출하고, 입원과 외래를 모두 포함하여 Charlson 동반질환지수를 산출하였다.

[1단계] 2023년 암 환자 추출(cancer) 및 환자의 모든 진료내역(follow) 추출

```
DATA cancer; SET T200;
IF SUBSTR(main_sick,1,1)='C' AND SUBSTR(LEFT(recu_fr_dd),1,4)='2023'
THEN OUTPUT; RUN;

PROC SORT DATA=cancer NODUPKEY OUT=cancer_pat; BY jid; RUN;

PROC SQL;
CREATE TABLE follow AS SELECT * FROM T200 WHERE jid IN (SELECT jid FROM
cancer_pat); QUIT;
```

요양개시일자가 2023년인 명세서이면서 주상병이 암인 명세서를 추출한 뒤 암 환자의 목록을 작성한다. 암 환자의 목록(cancer_pat)은 SORT 프로시저에서 NODUPKEY 옵션을 적용하여 환자고유번호(jid)의 중복을 제거하여 생성한다.

2021~2023년 암 환자의 모든 진료내역을 추출하기 위해 SQL문을 사용한다. T200 데이터 셋에서 cancer_pat 데이터 셋에 포함된 환자고유번호의 진료내역을 추출해서 follow 데이터 셋을 생성한다.

[2단계] 2023년 진료 내역 중 가장 먼저 진료받은 일자를 기준 일자로 정의

```
PROC SORT DATA=cancer; BY jid recu_fr_dd; RUN;
DATA cancer_index1; SET cancer; BY jid;
FORMAT index_date YYMMDD10.;
index_date=INPUT(LEFT(recu_fr_dd),YYMMDD10.);
KEEP jid index_date;
IF FIRST.jid=1 THEN OUTPUT; RUN;
```

2023년 암 진료를 받은 환자를 대상(cancer 데이터 셋)으로 가장 먼저 진료받은 일자를 기준 일자로 선정하였다. 환자고유번호와 요양개시일자를 기준으로 오름차순으로 정렬하고, FIRST문을 사용하여 처음 진료 내역만 추출하여 cancer_index1 데이터 셋을 생성하였다. 기준 일자는 날짜형 변수로 FORMAT을 변경하여 index_date로 설정하였다.

[3단계] 기준 일자 데이터 셋(cancer_index1)과 환자 추적 데이터 셋(follow)을 가로 결합

```
PROC SQL;
CREATE TABLE cancer_index2 AS SELECT A.*, B.*
FROM cancer_index1 A LEFT JOIN follow B ON A.jid=B.jid; QUIT;
```

SQL문을 사용하여 환자고유번호를 기준으로 기준 일자 데이터 셋(cancer_index1)과 환자의 2021~2023년 추적 데이터 셋(follow)을 좌측 결합하였다.

[4단계] 기준 일자(index_date)와 요양개시일자(recu_fr_dd)의 간격 산출

```
PROC SORT DATA=cancer_index2; BY jid recu_fr_dd; RUN;

DATA cancer_index3; set cancer_index2;
FORMAT start_date YYMMDD10.;
start_date=INPUT(LEFT(recu_fr_dd),YYMMDD10.);
interval=INTCK('DAY',index_date,start_date); RUN;
```

추적 데이터 셋(follow)에 포함된 요양개시일자는 문자형 변수이므로 FORMAT문을 사용하여 날짜형 변수로 변경하였다(start_date). 기준 일자(index_date)와 요양개시일자(start_date)의 간격은 INTCK 함수를 사용하여 산출하였다. INTCK 함수 사용 시 index_date와 start_date 순서를 다르게 설정하면 일자 간격이 반대로 산출되므로 두 변수의 순서를 정확하게 작성해야 한다.

[5단계] 간격 차이가 (–)이면 기준 일자보다 이전 진료 내역,
(+)이면 이후 진료 내역

```
DATA previous forward; SET cancer_index3;
IF -365<=interval<0 THEN OUTPUT previous;
ELSE IF 0<interval<=365 THEN OUTPUT forward; RUN;
```

기준 일자와 요양개시일자를 차이를 토대로 이전 1년 간 진료 내역과 이후 1년 간 진료 내역으로 구성된 previous, forward 데이터 셋을 생성하였다. 간격 0일은 기준 시점의 진료 내역에 해당된다.

[6단계] 주상병과 제1부상병을 하나의 변수(sick_cd)로 변환(long form)

```
DATA comorbidity1; SET previous;
sick_cd=main_sick; OUTPUT;
sick_cd=sub_sick; OUTPUT; RUN;

DATA comorbidity2; SET comorbidity1; IF sick_cd=' ' THEN DELETE;
RUN;
```

주상병과 제1부상병이 있는 명세서 일반 테이블에서 과거 1년 간 진료 내역을 생성하였다. 동반질환 구축을 위한 프로그램을 간단하게 작성하기 위해 wide form 테이블을 long form 테이블로 변형하여 comorbidity1 데이터 셋을 생성하였다. 제1부상병이 기록되지 않으면 sick_cd 변수는 결측값을 가지므로, 결측값을 제외하여 comorbidity2 데이터 셋을 생성하였다.

예제 프로그램은 동반질환 데이터 구축을 위해 명세서 일반 테이블(주상병, 제1부상병)을 사용하였으나, 모든 상병(상병 테이블)을 범위로 설정하였다면 [6단계]는 수행하지 않아도 된다.

다음 단계는 환자(jid)별로 17개 Charlson 동반질환을 확인하는 과정으로 IF문을 사용해도 되지만 SQL문으로 간단하게 작성할 수 있다. long form으로 전환된 데이터 셋(comorbidity2)을 사용하여 새로운 데이터 셋(comorbidity3)을 생성하되, 생성 과정에 17개 질환별로 해당 질환이 진료 내역에 있으면 1로 코딩하여 CCI1~CCI17 변수를 생성하였다. 그리고, 질환별 가중치를 적용하여 Charlson 동반질환지수를 산출하였다. 17개 질환별 변수명과 가중치는 다음과 같다.

**17개 질환별 변수명과 가중치**

| 변수명 | 질환명 | 가중치 |
|---|---|---|
| cci1 | 심근경색증 | 1 |
| cci2 | 심부전 | 1 |
| cci3 | 말초혈관질환 | 1 |
| cci4 | 뇌혈관질환 | 1 |
| cci5 | 치매 | 1 |
| cci6 | 만성폐질환 | 1 |
| cci7 | 결합조직질환 | 1 |
| cci8 | 소화궤양 | 1 |
| cci9 | 경도의 간질환 | 1 |

| 변수명 | 질환명 | 가중치 |
|---|---|---|
| cci10 | 당뇨병 | 1 |
| cci11 | 합병증이 동반된 당뇨병 | 2 |
| cci12 | 반신마비 | 2 |
| cci13 | 중등도 이상의 신장질환 | 2 |
| cci14 | 비전이성 고형암, 백혈병, 림프종 등 | 2 |
| cci15 | 중등도 이상의 간질환 | 3 |
| cci16 | 전이성 고형암 | 6 |
| cci17 | AIDS | 6 |

comorbidity3 데이터 셋을 생성하고, 변수는 jid, cci1, cci2,..., cci17로 구성

명세서별로 해당 질환이 있으면 1로 코딩한 뒤, 환자별(GROUP BY jid)로 최댓값(NULL과 1중에서 최댓값)을 확인하여 cci1 변수 생성

[7단계] 17개 Charlson 동반질환별 더미 변수 생성[35]

```
PROC SQL;
CREATE TABLE comorbidity3 AS SELECT jid,
MAX(CASE WHEN SUBSTR(sick_cd,1,3) IN ('I21', 'I22') OR
SUBSTR(sick_cd,1,4) IN ('I252') THEN 1 END) AS cci1,
MAX(CASE WHEN SUBSTR(sick_cd,1,3) IN ('I43', 'I50') or
SUBSTR(sick_cd,1,4) IN ('I099', 'I110', 'I130', 'I132', 'I255', 'I420',
'I425', 'I426', 'I427', 'I428', 'I429', 'P290') THEN 1 END) AS cci2,
MAX(CASE WHEN SUBSTR(sick_cd,1,3) IN ('I70', 'I71') or SUBSTR(sick_cd,1,4)
IN ('I731', 'I738', 'I739', 'I771', 'I790', 'I792', 'K551', 'K558', 'K559',
'Z958', 'Z959') THEN 1 END) AS cci3,
MAX(CASE WHEN SUBSTR(sick_cd,1,3) IN ('G45', 'G46','I60','I61','I62','I63',
'I64','I65','I66','I67','I68','I69') or SUBSTR(sick_cd,1,4) IN ('H340')
THEN 1 END) AS cci4,
MAX(CASE WHEN SUBSTR(sick_cd,1,3) IN ('F00','F01','F02','F03','G30') or
SUBSTR(sick_cd,1,4) IN ('G311','F051') THEN 1 END) AS cci5,
MAX(CASE WHEN SUBSTR(sick_cd,1,3) IN ('J40','J41','J42','J43','J44','J45',
```

35 건강보험심사평가원. 보건의료 근거 생산을 위한 건강보험청구자료 분석 매뉴얼. 2017. 건강보험심사평가원

```
'J46','J47','J60','J61', 'J62','J63', 'J64','J65','J66','J67') or
SUBSTR(sick_cd,1,4) IN ('I278','I279','J684','J701','J703') THEN 1 END) AS cci6,
MAX(CASE WHEN SUBSTR(sick_cd,1,3) IN ('M05','M06','M32','M33','M34') or
SUBSTR(sick_cd,1,4) IN ('M315','M351','M353','M360') THEN 1 END) AS cci7,
MAX(CASE WHEN SUBSTR(sick_cd,1,3) IN ('K25','K26','K27','K28') THEN 1 END) AS
cci8,
MAX(CASE WHEN SUBSTR(sick_cd,1,3) IN ('B18','K73','K74') or SUBSTR(sick_cd,1,4)
IN ('K700','K701','K702','K703','K709','K713','K714', 'K715','K717','K760',
'K762', 'K763','K764','K768','K769','Z944') THEN 1 END) AS cci9,
MAX(CASE WHEN SUBSTR(sick_cd,1,4) IN ('E100','E101','E106','E108','E109',
'E110', 'E111', 'E116','E118','E119','E120','E121','E126','E128','E129',
'E130','E131',  'E136','E138','E139','E140','E141','E146','E148','E149')
THEN 1 END) AS cci10,
MAX(CASE WHEN SUBSTR(sick_cd,1,4) IN ('E102','E103','E104','E105','E107',
'E112','E113','E114','E115','E117','E122','E123','E124','E125','E127',
'E132', 'E133','E134','E135','E137','E142','E143','E144','E145','E147')
THEN 1 END) AS cci11,
MAX(CASE WHEN SUBSTR(sick_cd,1,3) IN ('G81','G82') or SUBSTR(sick_cd,1,4)
IN ('G041', 'G114','G801','G802','G830','G831','G832','G833','G834', 'G839')
THEN 1 END) AS cci12,
MAX(CASE WHEN SUBSTR(sick_cd,1,3) IN ('N18','N19') or SUBSTR(sick_cd,1,4)
IN ('I120','I131','N032','N033','N034','N035','N036','N037','N052', 'N053',
'N054','N055','N056','N057','N250','Z490','Z491','Z492','Z940','Z992')
THEN 1 END) AS cci13,
MAX(CASE WHEN SUBSTR(sick_cd,1,3) IN ('C00','C01','C02','C03','C04','C05',
'C06', 'C07','C08','C09','C10','C11','C12','C13','C14','C15','C16','C17',
'C18','C19','C20','C21','C22','C23','C24','C25','C26','C30','C31','C32',
'C33','C34','C37','C38','C39','C40','C41','C43','C45','C46','C47','C48',
'C49','C50','C51','C52','C53','C54','C55','C56','C57','C58','C60','C61',
'C62','C63','C64','C65','C66','C67','C68','C69','C70','C71','C72','C73',
'C74','C75','C76','C81','C82','C83','C84','C85','C88','C90','C91','C92',
'C93','C94','C95','C96','C97')  THEN 1 END) AS cci14,
```

```
MAX(CASE WHEN SUBSTR(sick_cd,1,4) IN ('I850','I859','I864','I982','K704',
'K711' 'K721','K729','K765','K766','K767') THEN 1 END) AS cci15,
MAX(CASE WHEN SUBSTR(sick_cd,1,3) IN ('C77','C78','C79','C80') THEN 1 END)
AS cci16,
MAX(CASE WHEN SUBSTR(sick_cd,1,3) IN ('B20','B21','B22','B24') THEN 1 END)
AS cci17

FROM comorbidity2
GROUP BY jid; QUIT;
```

환자별로 동반질환 여부를 확인

[8단계] 환자 단위 데이터 셋 정리 및 Charlson 동반질환지수 산출

```
DATA comorbidity4; SET comorbidity3;
ARRAY cci (*) cci1  cci2 cci3 cci4 cci5 cci6 cci7 cci8 cci9 cci10 cci11
cci12 cci13 cci14 cci15 cci16 cci17;
DO I=1 TO DIM(cci);
IF cci(i)=. THEN cci(i)=0;  END;
cci_score=SUM(OF cci1-cci10)+2*SUM(OF cci11-cci14)+3*cci15+6*SUM(cci16,cci17);
RUN;
```

결측값(.)은 ARRAY문을 사용하여 0으로 코딩
ARRAY cci (*) cci1–cci17; 으로 작성해도 동일한 결과 산출

DIM 함수는 변수의 수(17개)를 자동으로 설정하여 변수의 수만큼 반복하여 수행

8단계 과정을 통해 Charlson 동반질환지수를 산출하였다. 동반질환 선정 방법(ad hoc selection)과 Elixhauser의 동반질환 데이터 구축도 8단계를 통해 구축할 수 있다. 그러나, 동반질환 구축 과정 시 주의해야 할 사항이 있는데, 위 SAS 프로그램에서는 이 부분을 고려하지 않았다. 동반질환은 관심 대상 또는 연구 대상 질환 이외에 환자가 갖고 있는 의학적 상태를 의미한다. 따라서, 연구 대상 질환이 암 환자이므로 17개 동반질환 중에서 14번과 16번에 해당되는 암 질환을 제외해야 한다. 제외하는 방법은 Charlson 동반질환지수 산출식에서 암 질환(cci14, cci16)을 제외하거나 [7단계] SQL 문에서 cci14와 cci16을 생성하는 프로그램을 삭제하면 된다.

```
cci_score=SUM(OF cci1-cci10)+2*SUM(OF cci11-cci13)+3*cci15+6*cci17;
```

**참고** **ARRAY문과 SUM 함수**

IF문을 여러 번 사용해도 되지만, 많은 변수에 대해 동일한 작업을 수행할 때 ARRAY문을 사용하면 프로그램이 단순화되고 분석 시간도 단축된다. Syntax는 다음과 같다.

ARRAY 배열그룹명(배열그룹 수) 변수목록;

배열그룹명은 변수목록에 대한 배열을 지정한 이름이고, 배열그룹수는 변수목록 배열에 있는변수의 수를 의미한다. 괄호 대신 {} 또는 []을 사용할 수 있다.

예) ARRAY disease(3) asthma copd dm;

asthma copd dm 순서대로 구성된 목록으로 disease로 정의하고 변수는 3개

SUM 함수는 변수 값을 더하는 경우 '+' 또는 SUM 함수를 사용한다. SUM(변수1, 변수2, ..)과 같이 변수를 모두 나열하거나, 더할 변수가 많을 경우에는 SUM(시작변수 – 마지막 변수)로 사용할 수 있다. 그러나, 결측 값이 포함된 경우에는 연산 결과의 차이가 있다.

```
DATA exam;
group1=1; group2=2; group3=3; group4=.;
SUM1=group1+group2+group3+group4;  → 결측값
SUM2=SUM(group1,group2,group3,group4);  → 6
SUM3 =SUM(OF group1-group4);  → 6
SUM4 =SUM(group1-group4);  → 결측값
RUN;
```

# 13

## 누적합 산출

명세서 단위로 구축된 데이터 셋에서 환자별, 진료영역별(입원, 외래), 요양기관종별 등 그룹별로 진료비와 재원일수를 산출하거나 검사와 의약품 처방 여부 등을 확인하는 과정에 누적 합을 산출한다. 외래 진료를 받은 환자 데이터 셋(outpt)을 사용하여 환자별 총 외래 방문 횟수, 총 외래 비용을 산출하는 프로그램은 다음과 같으며 FIRST-LAST문을 사용하는 방법과 SQL문을 사용하는 방법을 각각 제시하였다.

[외래 진료 내역 추출]

```
DATA outpt; SET T200; IF fom_tp_cd=3 THEN OUTPUT; RUN;
```

[FIRST-LAST문 사용] 환자고유번호를 기준으로 오름차순으로 정렬하고 누적합 산출

```
PROC SORT DATA=outpt; BY jid; RUN;
DATA outpt_sum1; SET outpt; BY jid;
IF FIRST.jid=1 THEN DO; t_outpt=0; t_amt=0; END;
t_outpt+vst_ddcnt;
t_amt+rvd_rpe_tamt_amt;
IF LAST.jid=1 THEN OUTPUT; RUN;
```

환자고유번호로 정렬된 데이터 셋을 불어와서 환자별 첫 번째 데이터에서 총 외래방문횟수(t_outpt)와 총 외래비용(t_amt)을 각각 0으로 설정

총 외래방문횟수는 외래방문횟수(vst_ddcnt)를 누적 합산하고, 총 외래비용은 외래비용(rvd_rpe_tamt_amt)을 누적 합산

누적된 총 외래방문횟수와 총 외래비용 중에서 환자별 마지막 데이터를 출력

[SQL문 사용] 환자고유번호별 합산하여 새로운 변수 정의

```
PROC SQL;
CREATE TABLE outpt_sum2 AS SELECT SUM(vst_ddcnt) AS t_outpt,
SUM(rvd_rpe_ tamt_amt) AS t_amt,
jid,vst_ddcnt,rvd_rpe_tamt_amt,recu_fr_dd FROM outpt
GROUP BY jid; QUIT;
```

외래방문횟수를 환자별로 합산하여 총 외래방문횟수(t_outpt)로 정의

외래비용을 환자별로 합산하여 총 외래비용(t_amt)로 정의

환자별로 합산

```
PROC SORT DATA=outpt_sum2; BY jid recu_fr_dd; RUN;
```

환자별로 오름차순으로 정렬하여 마지막 데이터 출력

```
DATA outpt_sum3; SET outpt_sum2; by jid; KEEP jid t_outpt t_amt;
IF LAST.jid=1 THEN OUTPUT; RUN;
```

**참고** RETAIN문

RETAIN문은 누적값을 산출할 때 사용된다. 누적값을 산출(sum)하기 위해 초기값을 0으로 설정하고, 이전 값과 연속하여 누적하도록 프로그램을 작성한다(sum=sum+score).

```
DATA retain1;
INPUT score @@;
DATALINES;
1 2 3 4 5 6 7 8 9 10
;
RUN;
DATA retain2; SET retain1;
RETAIN sum 0;
sum=sum+score; RUN;
PROC PRINT; RUN;
```

MEANS와 UNIVARIATE 프로시저는 변수의 기초 통계량을 계산할 때 사용된다. CLASS문을 사용하여 그룹별로도 기초 통계량을 산출할 수 있다. 건강보험청구자료는 대용량 데이터라는 점에서 SQL문을 사용하면 단시간에 기초 통계량을 산출할 수 있다. SQL 프로시저는 합계, 최솟값, 최댓값 등을 산출할 수 있고, GROUP BY문을 적용하면 그룹별로도 산출할 수 있다. 아래 프로그램은 감기로 외래 진료를 받은 환자 수를 요양기관 종별(cl_cd)로 산출하는 프로그램이다.

```
PROC SQL;
CREATE TABLE stats AS
SELECT cl_cd, COUNT(DISTINCT jid) AS n_pat
FROM T200
WHERE SUBSTR(main_sick,1,3) IN ('J00','J01','J02','J03','J04','J05','J06')
      AND fom_tp_cd=3
GROUP BY cl_cd;
QUIT;
```

T200 데이터 셋을 불러와서 stats을 생성하며, 변수는 요양기관종별(cl_cd)과 환자 수로 구성된다. 환자 수는 환자고유번호(jid)를 카운트하되, 중복되는 환자고유번호를 삭제(distinct)하여 새로운 변수 n_pat을 생성하였다. WHERE문을 사용하여 감기 환자를 정의하였는데, 주상병(main_sick)은 7개 상병 중 하나이면서 서식구분(fom_tp_cd)이 외래인 경우로 설정하였다. 마지막으로 GROUP BY문을 적용하여 요양기관종별(cl_cd)로 환자 수를 산출한다. COUNT 함수 대신 합계(SUM), 최솟값(MIN), 최댓값(MAX), 평균(AVG)도 적용할 수 있다.

14

# 입원 에피소드 구축

입원 환자를 대상으로 연구한다면 분석자료 구축 과정에 명세서 단위의 데이터 셋을 입원 단위의 데이터 셋으로 전환하는 입원 에피소드를 구축해야 한다. 입원 명세서는 월 단위로 작성되므로 요양급여 명세서에 작성된 요양개시일자와 요양종료일자는 입원일자와 퇴원일자와 항상 동일하지 않다. 예를 들어, 2024년 11월 2일에 입원하여 2024년 11월 10일에 퇴원했다면, 입원 명세서의 요양개시일자와 요양종료일자는 입원일자, 퇴원일자와 동일하다. 반면에 2024년 11월 22일에 입원하여 2024년 12월 12일에 퇴원했다면, 2개의 입원 명세서가 작성되는데, 첫 번째 입원 명세서의 요양개시일자와 요양종료일자는 2024년 11월 22일, 2024년 11월 30일, 두 번째 입원 명세서는 각각 2024년 12월 1일, 2024년 12월 12일이 된다. 즉, 환자의 입원과 퇴원일자를 의미하지 않는 일자가 명세서에 입력되고 명세서도 2건이 된다. 2건의 입원 명세서 외에 보완 또는 추가 청구되면 입원은 1건이지만 명세서는 여러 건이 작성될 수도 있다. 만약 재입원율을 분석하는 연구에서 입원 명세서를 에피소드로 전환하지 않으면 많은 환자들이 퇴원한 다음 날에 재입원한 것으로 분석될 수 있다.

입원 에피소드는 분리된 입원 명세서를 하나의 입원 단위로 구축하는 과정을 의미한다. 일반적으로 특정한 입원 명세서가 이전 입원 명세서와 연속되고 동일한 요양기관에서 청구된 경우로 정의된다.[36] 여기서 연속된다는 의미는 이전 입원 명세서의 요양종료일자가 다음 입원 명세서의 요양개시일자와 동일하거나 1일 차이가 있는 경우이다. 만약 두 명세서가 동일한 요양기관에서 청구되지 않았다면, 두 번째 청구된 명

36 건강보험심사평가원. 보건의료 근거 생산을 위한 건강보험청구자료 분석 매뉴얼. 2017 건강보험심사평가원

세서는 다른 요양기관으로 전원되었거나 재입원[37]한 것으로 간주될 수 있다.

입원 에피소드 구축 과정을 도식화하면 다음과 같다. 환자고유번호가 1인 환자는 2024년 2월 22일에 입원, 3월 12일에 퇴원하여 2건의 명세서가 청구되었고, 첫 번째 요양종료일자(2024년 2월 29일)는 다음 명세서의 요양개시일자(2024년 3월 1일)와 연속되므로 하나의 에피소드에 해당된다(요양기관기호 동일). 반면 환자고유번호가 3인 환자의 첫 번째 명세서의 요양종료일자는 2024년 1월 12일로 다음 명세서의 요양개시일자 2024년 1월 12일과 연속되지만, 다른 요양기관에서 명세서를 청구하였기 때문에 2개 입원 에피소드로 정의된다. 즉, C병원에서 입원 진료를 받고 A병원으로 전원 또는 재입원했다고 간주된다.

명세서 단위

| 환자고유번호 | 요양개시일자 | 요양종료일자 | 요양기관기호 |
|---|---|---|---|
| 1 | 20240222 | 20240229 | A |
| 1 | 20240301 | 20240312 | A |
| 2 | 20231123 | 20231123 | B |
| 2 | 20231123 | 20231130 | B |
| 3 | 20240101 | 20240112 | C |
| 3 | 20240112 | 20240305 | A |

입원 단위

| 환자고유번호 | 입원일자 | 퇴원일자 | 요양기관기호 |
|---|---|---|---|
| 1 | 20240222 | 20240312 | A |
| 1 | | | |
| 2 | 20231123 | 20231130 | B |
| 2 | | | |
| 3 | 20240101 | 20240112 | C |
| 3 | 20240112 | 20240305 | A |

**입원 에피소드 구축 예시**

37 다음 입원 명세서의 진료내역 테이블에서 진찰료가 청구되면 재입원으로 정의하기도 함

입원 명세서는 월별로 명세서가 작성됨에 따라 일반적으로 요양종료일자와 다음 명세서의 요양개시일자는 연속적[38]으로 입력된다. 그러나, 명세서가 추가 또는 보완 청구되거나 "요양급여비용 청구방법, 심사청구서 · 명세서서식 및 작성 요령"에 따라 명세서 간에 요양개시일자와 종료일자가 불연속적으로 입력되기도 한다. 보훈 환자는 건강보험(또는 의료급여) 자격을 동시에 가지는데, 보훈 명세서와 건강보험 명세서를 각각 작성하므로 2번과 같이 청구된다. 3번~6번은 보완 또는 추가 청구되는 경우에 해당되며, 3번은 타 병원 협진 또는 서로 다른 산정 특례가 적용된 경우에 해당된다.

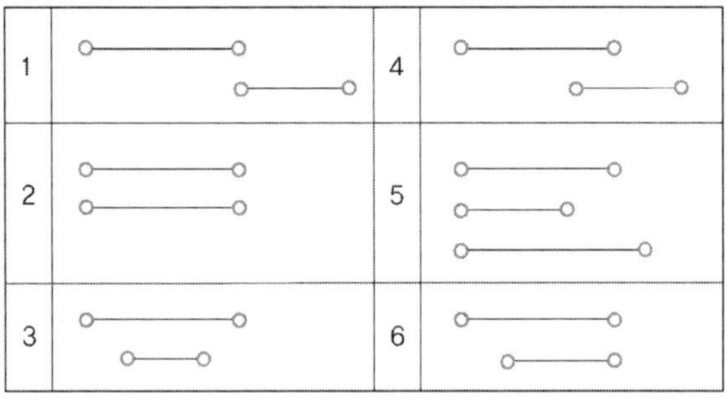


명세서 청구 형태

입원 에피소드는 분리된 입원 명세서를 동일한 입원으로 어떻게 정의하느냐에 따라 결정된다. 일반적으로 동일한 요양기관에서 청구되고, 명세서 간 간격이 1일 이하인 경우로 정의된다. 그러나, 입원 에피소드 정의는 연구자의 연구 설계에 따라 달라질 수 있다. 예를 들어, 다른 요양기관에서 청구되더라도 명세서 간격이 1일 이하인 경우 또는 동일한 요양기관에서 청구하고 명세서 간격이 3일(또는 7일) 이하인 경우를 계속 입원으로 정의할 수 있다. 즉, 입원 치료가 종료되는 것이 아니라 연속선상에 있다고 고려할 수 있다. 이 책에서는 일반적으로 정의되는 입원 에피소드를 적용하여 SAS 프로그램을 작성하였다. 만약 요양기관 동일 여부와 명세서 간 간격을 다르게 정의하였다면, 프로그램에서 요양기관 동일 여부와 명세서 간격에 대한 조건만 수정하면 된다.

### [1단계] 입원 명세서 추출

입원 명세서를 추출(fom_tp_cd=2)하고, 분석에 필요한 변수만을 선택(KEEP문)하여 episode 데이터 셋을 구축한다.

---

38 요양종료일자와 다음 명세서의 요양개시일자의 간격은 1일

```
DATA episode; SET T200; keep fom_tp_cd recu_fr_dd recu_to_dd jid yid
rvd_rpe_tamt_amt; if fom_tp_cd=2 then output; run;
```

[2단계] 명세서 간격과 요양기관 동일 여부에 따라 에피소드를 구분하는 변수(epi_id) 생성[39]

명세서 간격 차이를 이용하여 에피소드가 구축되므로 환자고유번호(jid), 요양기관기호(yid), 요양개시일자(recu_fr_dd), 요양종료일자(recu_to_dd)를 오름차순으로 정렬하고, 문자형 변수인 요양개시일자와 요양종료일자를 날짜형 변수로 변경한다. RETAIN문을 사용하여 초기 값을 설정하고, 명세서 간격이 1일 이하 여부에 따라 에피소드 번호(epi_id)를 생성한다.

```
PROC SORT DATA=episode; BY jid yid recu_fr_dd recu_to_dd; RUN;
DATA episode2; SET episode;
BY jid yid;

FORMAT start_date end_date start_date2 end_date2 YYMMDD10.;
start_date=INPUT(LEFT(recu_fr_dd), YYMMDD10.);
end_date=INPUT(LEFT(recu_to_dd), YYMMDD10.);

RETAIN start_date2 0 end_date2 0 epi_id 0;

IF FIRST.yid=1 THEN DO;
   epi_id+1; start_date2=start_date; end_date2=end_date; END;

ELSE IF start_date-end_date2<=1 THEN DO;
   epi_id=epi_id; start_date2=MIN(start_date, start_date2);
   end_date2=MAX(end_date, end_date2); END;

ELSE DO; epi_id+1; start_date2=start_date;
end_date2=end_date; END;
DROP recu_fr_dd recu_to_dd fom_tp_cd rvd_rpe_tamt_amt; RUN;
```

문자형 변수인 요양개시일자와 종료일자를 날짜형 변수로 변경

왼쪽으로 정렬하는 함수

RETAIN문을 사용하여 요양개시일자와 종료일자, 에피소드 구분자(epi_id)의 초기 값을 0으로 설정

요양기관기호(yid)가 다른 경우에는 다른 에피소드로 정의하고, 동일하면 요양개시일자와 종료일자를 조정

동일한 요양기관에서 청구되고 간격이 1일 이내이면 동일한 에피소드로 정의
에피소드 구분자(epi_id)는 동일하게 적용
요양개시일자의 최솟값, 요양종료일자의 최댓값으로 일자 조정

동일한 요양기관에서 청구하였지만 간격이 2일 이상이면 다른 에피소드로 적용

39 건강보험심사평가원. 보건의료 근거 생산을 위한 건강보험청구자료 분석 매뉴얼. 2017. 건강보험심사평가원

[3단계] 데이터 셋 정리

입원일자와 퇴원일자를 사용하여 입원일수(length of stay)를 산출하고, 에피소드 구축 과정에 생성되었지만 불필요한 변수를 삭제하는 등 데이터 셋을 정리한다.

```
PROC SORT DATA=episode2; BY epi_id start_date end_date; RUN;
DATA episode3; SET episode2; BY epi_id;
los=INTCK('DAY',start_date2,end_date2)+1;
RENAME start_date2=adm_date end_date2=dschg_date;
KEEP yid jid start_date2 end_date2 los epi_id;
IF LAST.epi_id=1; RUN;
```

입원일수 산출

입원일자(admi_date), 퇴원일자(dschg_date)로 변수명 수정

에피소드 번호(epi_id) 중에서 마지막 데이터만 추출

입원 명세서를 추출하여 입원 에피소드를 구축하는 과정을 설명하였다. 입원 에피소드를 구축하는 과정에 다른 변수를 생성할 수도 있는데, 예를 들어 에피소드 구축 과정에 진료비를 누적 합산하여 총 비용을 산출할 수 있다. 아래 프로그램은 에피소드를 구축하면서 진료비 합을 산출하는 것으로 앞에서 서술한 누적 합산 방법을 응용하였다.

| 명세서 단위 | | | | | 입원 단위 | | | | |
|---|---|---|---|---|---|---|---|---|---|
| 환자고유 번호 | 요양개시 일자 | 요양종료 일자 | 요양기관 기호 | 비용 | 환자고유 번호 | 입원일자 | 퇴원일자 | 요양기관 기호 | 총비용 |
| 1 | 20240222 | 20240229 | A | 100 | 1 | 20240222 | 20240312 | A | 250 |
| 1 | 20240301 | 20240312 | A | 150 | 1 | | | | |
| 2 | 20231123 | 20231123 | B | 70 | 2 | 20231123 | 20231130 | B | 120 |
| 2 | 20231123 | 20231130 | B | 50 | 2 | | | | |
| 3 | 20240101 | 20240112 | C | 120 | 3 | 20240101 | 20240112 | C | 120 |
| 3 | 20240112 | 20240305 | A | 130 | 3 | 20240112 | 20240305 | A | 130 |

**입원 에피소드 구축과 비용 누적합 산출 예시**

[1단계] 입원 명세서 추출

입원 명세서를 추출하고, 분석에 필요한 변수만을 선택하여 episode 데이터를 구축한다.

```
DATA episode; SET T200; keep fom_tp_cd recu_fr_dd recu_to_dd jid yid
rvd_rpe_tamt_amt; if fom_tp_cd=2 then output; run;
```

[2단계] 명세서 간격과 요양기관 동일 여부에 따라 에피소드를 구분하는 변수(epi_id) 생성

명세서 간격 차이를 이용하여 에피소드가 구축되므로 환자고유번호(jid), 요양기관기호(yid), 요양개시일자(recu_fr_dd), 요양종료일자(recu_to_dd)를 오름차순으로 정렬하고, 문자형 변수인 요양개시일자와 요양종료일자를 날짜형 변수로 변경한다. RETAIN문을 사용하여 초기 값을 설정하고, 명세서 간격이 1일 이하 여부에 따라 에피소드 번호(epi_id)를 생성한다. 그리고 진료비(rvd_rpe_tamt_amt)를 합산하기 위해 총 비용(t_amt)을 0으로 RETAIN문에서 설정한다. 동일한 에피소드이면 동일한 에피소드 번호가 생성되고, 진료비는 누적하여 총 비용에 입력된다. 반면 동일한 에피소드가 아니면 다른 에피소드 번호가 생성되고, 진료비는 누적 합산하지 않고 총 비용으로 입력된다.

```
PROC SORT DATA=episode; BY jid yid recu_fr_dd recu_to_dd; RUN;

DATA episode4; SET episode;
 BY jid yid;

 FORMAT start_date end_date start_date2 end_date2 yymmdd10.;
 start_date=INPUT(LEFT(recu_fr_dd), YYMMDD10.);
 end_date=INPUT(LEFT(recu_to_dd), YYMMDD10.);

 RETAIN start_date2 0 end_date2 0 epi_id 0 t_amt 0;    총 비용(t_amt)을 0으로 설정

 IF FIRST.yid=1 THEN DO;
 epi_id+1; start_date2=start_date; end_date2=end_date;
 t_amt=rvd_rpe_tamt_amt; END;

ELSE IF start_date-end_date2<=1 THEN DO;
  epi_id=epi_id; start_date2=MIN(start_date, start_date2);
  end_date2=MAX(end_date, end_date2); t_amt+rvd_rpe_tamt_amt; END;
                                       동일한 에피소드로 정의되면 진료비를 누적하여 총 비용 생성

ELSE DO; epi_id+1; start_date2=start_date; end_date2=end_date;
t_amt=rvd_rpe_tamt_amt; END;
DROP recu_fr_dd recu_to_dd fom_tp_cd; RUN;
                                       동일한 에피소드로 정의되지 않는다면 총 비용은 진료비와 동일하게 생성
```

[3단계] 데이터 셋 정리

에피소드 구축 과정에 생성되었지만 불필요한 변수를 삭제하고, 변수명을 변경하는 등 데이터 셋을 정리한다.

```
PROC SORT DATA=episode4; BY epi_id start_date end_date; RUN;
DATA episode5; SET episode4; BY epi_id;
RENAME start_date2=adm_date end_date2=dschg_date;
KEEP yid jid start_date2 end_date2 t_amt epi_id;
IF LAST.epi_id=1; RUN;
```

마지막으로, 진료 내역 테이블, 처방전 교부상세내역 테이블 등 다른 테이블과 연계하여 에피소드를 구축할 수 있다. 예를 들어, 허혈성 심장질환자를 대상으로 경피적관상동맥중재술(percutaneous coronary intervention, PCI) 실시 여부를 분석한다고 가정하자. 이 경우에는 명세서 일반 테이블(허혈성 심장질환 입원 데이터)과 진료내역 테이블(PCI 데이터)을 가로 결합한 뒤에 입원 에피소드를 구축해야 한다. 누적 합산 방식을 응용하면 PCI 실시 여부도 확인할 수 있다. 먼저 명세서 일반 테이블에서 허혈성 심장질환 입원 명세서를 추출한다.

**진료 내역 테이블**

| 명세서 고유번호 | 분류코드 |
|---|---|
| 123 | M6563 |
| 123 | A1204 |
| 123 | K2110 |
| 234 | M6563 |
| 234 | M6552 |
| 345 | K0140 |
| 345 | A1110 |
| 345 | KK510 |
| 345 | D5410 |

PCI 분류코드 추출

| 명세서 고유번호 | 분류코드 |
|---|---|
| 123 | M6563 |
| 234 | M6562 |
| 234 | M6553 |

명세서 단위로 데이터 축소

| 명세서 고유번호 | PCI 여부 |
|---|---|
| 123 | 1 |
| 234 | 1 |

명세서 고유번호를 기준으로 두 테이블 가로 결합

**명세서 일반 테이블**

| 환자고유 번호 | 명세서 고유번호 | 요양개시 일자 | 요양종료 일자 | 요양기관 기호 | 비용 |
|---|---|---|---|---|---|
| 1 | 123 | 20240222 | 20240229 | A | 100 |
| 1 | 138 | 20240301 | 20240312 | A | 150 |
| 2 | 234 | 20231123 | 20231123 | B | 70 |
| 2 | 257 | 20231123 | 20231130 | B | 50 |
| 3 | 345 | 20240101 | 20240112 | C | 120 |
| 3 | 368 | 20240112 | 20240305 | A | 130 |

**입원 에피소드와 진료 여부 구축 과정 예시**

[1단계] 허혈성 심질환(주상병 I20.x~I25.x) 입원 명세서 추출

```
DATA ihd; SET T200;
IF SUBSTR(main_sick,1,3) IN ('I20','I21','I22','I23','I24','I25') AND
fom_tp_cd=2 THEN OUTPUT; RUN;
```

[2단계] 명세서 일반 테이블에서 추출한 데이터와 동일한 명세서를 진료 내역에서 추출

명세서 일반 테이블에서 추출한 허혈성 심질환 입원 명세서(ihd)와 동일한 명세서 번호(mid)를 가지는 진료 내역을 추출하여 pci1 데이터 셋을 생성하였다. pci1 데이터 셋에는 PCI 진료내역을 포함한 모든 진료 내역이 포함되어 있어 PCI 진료내역으로 구성된 pci2 데이터 셋을 생성하였다. pci 변수는 괄호() 안에 작성된 조건을만족하면 1, 만족하지 않으면 0을 갖는 더미 변수이다. 동일한 명세서 번호 내에 PCI 코드가 2번 이상 입력될 수 있어 중복을 제거하는 NODUPKEY 옵션을 적용하여 명세서 단위의 pci3 데이터 셋을 생성하였다. pci3 데이터 셋은 허혈성 심장질환자의 명세서 일반 테이블(ihd)과 명세서 번호(mid)를 기준으로 가로 결합하여 ihd2 데이터 셋을 생성하였다.

```
PROC SQL;
CREATE TABLE pci1 AS SELECT * FROM T300 WHERE mid IN (SELECT mid from ihd); QUIT;

DATA pci2; SET pci1;
pci=(SUBSTR(div_cd,1,5) IN ('M6551','M6552','M6553','M6554','M6561','M6562',
'M6563','M6565','M6566', 'M6564','M6567','M6571','M6572','M6634','M6638'));
IF pci=0 THEN DELETE;
KEEP mid pci; RUN;
PROC SORT DATA=pci2 NODUPKEY OUT=pci3; BY mid; RUN;
PROC SQL;
CREATE TABLE ihd2 AS SELECT A.*, B.*
FROM ihd A LEFT JOIN pci3 B ON A.mid=B.mid; QUIT;
```

[3단계] 명세서 간격과 요양기관 동일 여부에 따라 에피소드를 구분하는 변수(epi_id) 생성

명세서 일반 테이블 + 진료내역 테이블

| 환자고유 번호 | 명세서 고유번호 | 요양개시 일자 | 요양종료 일자 | 요양기관 기호 | 비용 | PCI 여부 |
|---|---|---|---|---|---|---|
| 1 | 123 | 20240222 | 20240229 | A | 100 | 1 |
| 1 | 138 | 20240301 | 20240312 | A | 150 | 0 |
| 2 | 234 | 20231123 | 20231123 | B | 70 | 1 |
| 2 | 257 | 20231123 | 20231130 | B | 50 | 0 |
| 3 | 345 | 20240101 | 20240112 | C | 120 | 0 |
| 3 | 368 | 20240112 | 20240305 | A | 130 | 0 |

→

입원 에피소드 구축

| 환자고유 번호 | 입원일자 | 퇴원일자 | 요양기관 기호 | 총비용 | PCI 실시여부 |
|---|---|---|---|---|---|
| 1 | 20240222 | 20240312 | A | 250 | 1 |
| 1 | | | | | |
| 2 | 20231123 | 20231130 | B | 120 | 1 |
| 2 | | | | | |
| 3 | 20240101 | 20240112 | C | 120 | 0 |
| 3 | 20240112 | 20240305 | A | 130 | 0 |

입원 에피소드와 진료 여부 구축 과정 예시

동일한 요양기관에서 명세서가 청구되고 명세서 간격이 1일 이하이면 동일한 에피소드 번호(epi_id)를 부여한다. 에피소드 구축 과정에 진료비(rvd_rpe_tamt_amt)를 누적 합산하고, PCI 여부(pci)도 누적 합산한다. 이 과정에 RETAIN문을 사용하여 누적 합산되는 총 비용(t_amt)과 PCI 실시 횟수(t_pci)의 초기 값을 0으로 설정한다.

```
PROC SORT DATA=ihd2; BY jid yid recu_fr_dd recu_to_dd; RUN;

DATA ihd3; SET ihd2;
 BY jid yid;

 IF pci=. then pci=0;

 FORMAT start_date end_date start_date2 end_date2 yymmdd10.;
 start_date=INPUT(LEFT(recu_fr_dd), YYMMDD10.);
 end_date=INPUT(LEFT(recu_to_dd), YYMMDD10.);

 RETAIN start_date2 0 end_date2 0 epi_id 0 t_amt 0 t_pci 0;

 IF FIRST.yid=1 THEN DO;
  epi_id+1; start_date2=start_date; end_date2=end_date;
  t_amt=rvd_rpe_tamt_amt; t_pci=pci; END;

 ELSE IF start_date-end_date2<=1 THEN DO;
  epi_id=epi_id; start_date2=MIN(start_date, start_date2);
  end_date2=MAX(end_date, end_date2); t_amt+rvd_rpe_tamt_amt;
t_pci+pci; END;

ELSE DO; epi_id+1; start_date2=start_date;
end_date2=end_date; t_amt=rvd_rpe_ tamt_amt;
t_pci=pci; END;
DROP recu_fr_dd recu_to_dd fom_tp_cd; RUN;
```

PCI 실시여부를 확인하기 위해 PCI 실시횟수(t_pci)의 초기 값을 0으로 설정

동일한 에피소드이면 PCI 여부를 누적 합산하여 PCI 실시횟수(t_pci) 산출

동일한 에피소드가 아니면 PCI 실시 횟수는 PCI 여부와 동일하게 생성

[4단계] 데이터 셋 정리

```
PROC SORT DATA=ihd3; BY epi_id start_date end_date; RUN;
DATA ihd4; SET ihd3; BY epi_id;
RENAME start_date2=adm_date end_date2=dschg_date;
pci_yn=(t_pci>=1);
KEEP yid jid start_date2 end_date2 t_pci pci_yn t_amt epi_id;
IF LAST.epi_id=1; RUN;
```

PCI 실시횟수가 1보다 크면 PCI 실시 여부(pci_yn)는 1, 그렇지 않으면 0인 더미변수 생성

# 15

# MACRO문

SAS MACRO문은 반복적인 작업을 수행할 때 사용된다. 본 장에서는 건강보험청구자료를 분석하는 과정에 사용될 수 있는 기초적인 MACRO문을 제시하였다. 예를 들어, 국민건강보험공단은 월별로 데이터 셋을 구축하여 연구자에게 개방하기 때문에 반복적인 작업이 요구된다. %MACRO문은 매크로를 정의하는 데 사용되며, 변수, 조건문, 반복문 등을 매크로에 포함할 수 있다. 기본 syntax는 %MACRO를 시작으로 %MEND로 종료된다. 그리고, 반복되는 변수 또는 데이터 셋 앞에 &를 붙여 매크로가 참조할 수 있도록 한다.

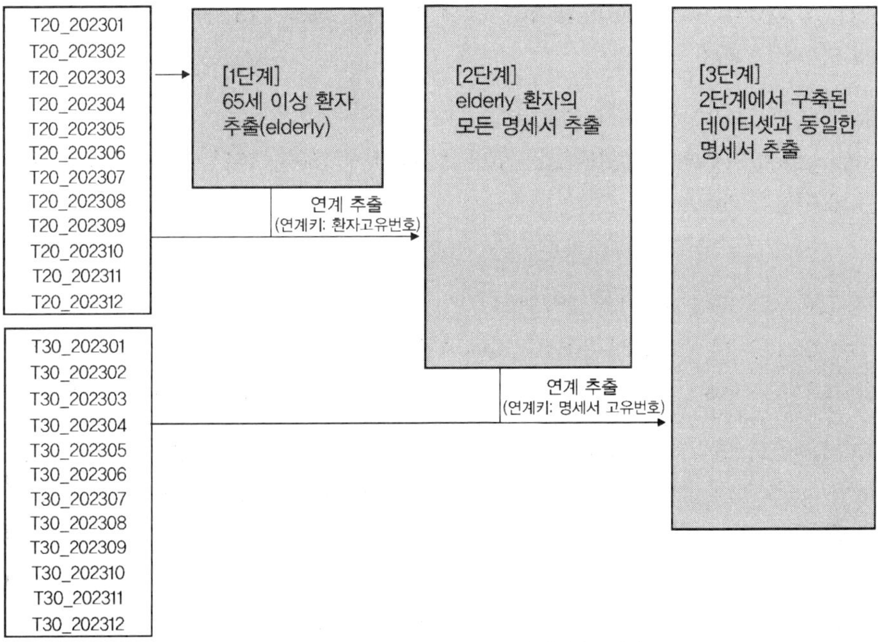


**매크로를 사용하여 분석자료를 추출하는 과정**

2023년 명세서 일반 테이블과 진료 내역 테이블은 월별로 구축되어 있다. 2023년 명세서 일반 테이블에서 65세 이상 환자를 추출하여 elderly 데이터 셋을 생성하고, 이 환자들의 모든 진료 내역을 명세서 일반 테이블과 진료 내역 테이블에서 추출하고자 한다. 이를 수행하기 위해서는 월별로 데이터 셋을 불러와서 65세 이상 환자를 추출하는 프로그램을 12번 반복해서 작성해야 한다. 물론 월별 데이터 셋을 하나의 데이터 셋으로 합한 뒤 추출할 수 있지만 많은 시간이 소요된다. 반복적인 작업을 간단하게 프로그래밍하기 위한 매크로문을 작성하면 다음과 같다.

[1단계] 월별로 65세 이상 환자의 명세서 추출

2023년 명세서 일반 테이블은 월별로 12개 데이터 셋으로 구성된다. 65세 이상 뇌졸중 환자의 모든 명세서를 추출하기 위해서는 우선 65세 이상 환자(age_group≥14)[40] 중에서 뇌졸중 환자의 명세서를 추출한다. 월별로 데이터 셋을 생성하기 위해 동일한 프로그램을 12번 실행하는데, MACRO문을 사용하면 간단하게 작성할 수 있다.

[MACRO문을 사용하지 않은 경우]

T20_202301 데이터 셋을 불러와서 T20_202301A 데이터 셋을 생성하고, 2월~12월까지 반복하여 프로그램을 실행한다.

```
DATA T20_202301A; SET T20_202301;
IF age_group>=14 AND SUBSTR(main_sick,1,3) IN ('I60','I61','I62','I63','I64')
THEN OUTPUT; RUN;

DATA T20_202302A; SET T20_202302;
IF age_group>=14 AND SUBSTR(main_sick,1,3) IN ('I60','I61','I62','I63','I64')
THEN OUTPUT; RUN;

...

DATA T20_202312A; SET T20_202312;
IF age_group>=14 AND SUBSTR(main_sick,1,3) IN ('I60','I61','I62','I63','I64')
THEN OUTPUT; RUN;

DATA elderly; SET T20_202301A T20_202302A T20_202303A T20_202304A T20_202305A
T20_202306A T20_202307A T20_202308A T20_202309A T20_202310A T20_202311A
T20_202312A; RUN;
```

생성된 12개 데이터 셋을 통합하여 elderly 데이터 셋 생성

40 age_group은 연령을 5세 단위로 구분한 변수임. 14는 65~69세에 해당되므로 14 이상은 65세 이상을 의미함

[MACRO문을 사용한 경우]

```
%MACRO sampling1(data1,data2);
DATA &data1; SET &data2;
IF age_group>=14 AND SUBSTR(main_sick,1,3) IN
('I60','I61','I62','I63','I64') THEN OUTPUT; RUN;
%MEND;

%sampling1(T20_202301A,T20_202301);
%sampling1(T20_202302A,T20_202302);
%sampling1(T20_202303A,T20_202303);
%sampling1(T20_202304A,T20_202304);
%sampling1(T20_202305A,T20_202305);
%sampling1(T20_202306A,T20_202306);
%sampling1(T20_202307A,T20_202307);
%sampling1(T20_202308A,T20_202308);
%sampling1(T20_202309A,T20_202309);
%sampling1(T20_202310A,T20_202310);
%sampling1(T20_202311A,T20_202311);
%sampling1(T20_202312A,T20_202312);

DATA elderly; SET T20_202301A T20_202302A T20_202303A T20_202304A
T20_202305A T20_202306A T20_202307A T20_202308A T20_202309A T20_202310A
T20_202311A T20_202312A; RUN;
```

%MACRO로 시작하고, %MEND로 종료

매크로의 이름을 sampling1으로 설정

반복적으로 작업할 사항에 대해 이름 부여→data1과 data2를 반복적으로 수행

매크로에서 참조할 내용은 &으로 표시

작성한 매크로 호출

매크로문 중에서 data1과 data2에 해당되는 부분 작성

T20_202301 데이터 셋을 불러와서 T20_202301A 데이터 셋을 생성

생성된 12개 데이터 셋을 통합하여 elderly 데이터 셋 생성

[2단계] 65세 이상 환자의 모든 명세서 추출(명세서 일반 테이블, 진료 내역 테이블)

앞에서 작성한 MACRO문을 응용하면 두 데이터 셋에서 동시에 데이터를 추출할 수 있다. 65세 이상 뇌졸중 환자의 데이터 셋(elderly)에 포함된 환자의 모든 진료 내역을 명세서 일반 테이블에서 추출하고(환자고유번호를 기준으로 추출), 추출된 명세서 일반 테이블과 동일한 명세서번호를 가지는 데이터를 진료 내역 테이블에서 추출할 수 있다.

```
%MACRO sampling2(data1,data2,data3,data4);
PROC SQL; CREATE TABLE &data1 AS SELECT * FROM &data2 WHERE jid IN (SELECT
jid FROM elderly); QUIT;
PROC SQL; CREATE TABLE &data3 AS SELECT * FROM &data4 WHERE mid IN (SELECT
mid FROM &data1); QUIT;
%MEND;
```

매크로 이름을 sampling2로 부여 반복작업은 4곳에서 진행하고, 각각 data1, data2, data3, data4로 지정

data2를 불러와서 data1을 생성하되, 환자고유번호(jid)가 elderly 데이터 셋과 동일한 경우에 생성

data4를 불러와서 data3을 생성하되, 명세서번호(mid)가 data1과 동일한 경우에 생성

```
%sampling2(T20_202301B,T20_202301,T30_202301A,T30_202301);
%sampling2(T20_202302B,T20_202302,T30_202302A,T30_202302);
%sampling2(T20_202303B,T20_202303,T30_202303A,T30_202303);
%sampling2(T20_202304B,T20_202304,T30_202304A,T30_202304);
%sampling2(T20_202305B,T20_202305,T30_202305A,T30_202305);
%sampling2(T20_202306B,T20_202306,T30_202306A,T30_202306);
%sampling2(T20_202307B,T20_202307,T30_202307A,T30_202307);
%sampling2(T20_202308B,T20_202308,T30_202308A,T30_202308);
%sampling2(T20_202309B,T20_202309,T30_202309A,T30_202309);
%sampling2(T20_202310B,T20_202310,T30_202310A,T30_202310);
%sampling2(T20_202311B,T20_202311,T30_202311A,T30_202311);
%sampling2(T20_202312B,T20_202312,T30_202312A,T30_202312);
```

sampling2 매크로를 불러와서 data1, data2, data3, data4를 실행

월별로 생성된 명세서 일반 테이블 통합

```
DATA follow20; SET T20_202301B T20_202302B T20_202303B T20_202304B
T20_202305B T20_202306B T20_202307B T20_202308B T20_202309B T20_202310B
T20_202311B T20_202312B; RUN;
```

월별로 생성된 진료 내역 테이블 통합

```
DATA follow30; SET T30_202301A T30_202302A T30_202303A T30_202304A
T30_202305A T30_202306A T30_202307A T30_202308A T30_202309A T30_202310A
T30_202311A T30_202312A; RUN;
```

MACRO문은 프로시저 단계에서도 사용할 수 있다. 예를 들어, 성별(sex_tp_cd), 요양기관종별(cl_cd), 요양기관소재지(rvd_plc_cd), 입원외래구분(fom_tp_cd), 진료과목(dgsbjt_cd)별로 비용(amt)의 평균과 중앙값을 산출하는 프로그램은 다음과 같다. 각 변수별로 비용에 대한 평균과 중앙값을 소수점 첫째 자리까지(MAXDEC=1) 산출한다.

```
PROC MEANS DATA=T200 MEAN MEDIAN MAXDEC=1; CLASS sex_tp_cd; VAR amt; RUN;
PROC MEANS DATA=T200 MEAN MEDIAN MAXDEC=1; CLASS cl_cd; VAR amt; RUN;
PROC MEANS DATA=T200 MEAN MEDIAN MAXDEC=1; CLASS rvd_plc_cd; VAR amt; RUN;
PROC MEANS DATA=T200 MEAN MEDIAN MAXDEC=1; CLASS fom_tp_cd; VAR amt; RUN;
PROC MEANS DATA=T200 MEAN MEDIAN MAXDEC=1; CLASS dgsbjt_cd; VAR amt; RUN;
```

위 프로그램은 비용을 구분하는 변수들이 반복되므로, 변수가 참조될 수 있도록 MACRO문을 작성하면 된다.[41]

```
%MACRO stats(class);
PROC MEANS DATA=T200 MEAN MEDIAN MAXDEC=1; CLASS &class; VAR amt; RUN;
%MEND;

%stats(sex_tp_cd);
%stats(cl_cd);
%stats(sex_tp_cd);
%stats(rvd_plc_cd);
%stats(fom_tp_cd);
%stats(dgsbjt_cd);
```

CLASS문에 있는 변수가 반복되므로 매크로 이름을 stats으로 부여하고, 반복 작업명을 CLASS로 지정

매크로에서 참조할 내용은 &로 표시

stats 매크로를 불러와서 실행

41 명세서 일반 테이블을 SAS 데이터 셋으로 불러온 T200 사용

# 마무리하며

건강보험청구자료는 보건의료 영역에서 활용 가치가 높은 자료원이다. 이 자료는 실제 임상 현장에서의 진료 행위, 약제 처방, 진단 등을 체계적으로 기록하고 있어 특정 질병의 역학 분석, 의료 이용 행태 파악, 건강 형평성 연구 등 다양한 주제에 폭넓게 활용된다. 특히 전 국민을 대상으로 한 데이터라는 점에서 일반적인 임상 연구나 표본조사에서는 얻기 어려운 대표성과 장기 추적 가능성을 갖추고 있다.

건강보험심사평가원과 국민건강보험공단은 연구자에게 건강보험청구자료를 개방하여 보건의료 빅데이터 연구를 지원하는 중요한 역할을 수행하고 있다. 그러나 두 기관이 제공하는 자료는 테이블의 구성, 변수의 범위와 명칭, 분석 방식 측면에서 차이가 있다. 건강보험심사평가원에서 개방하는 건강보험청구자료는 명세서 고유번호와 수진자 고유번호를 모든 테이블에 포함시켜 테이블 간 연계를 용이하게 한다. 또한 연구자는 원격분석시스템을 통해 데이터에 접근할 수 있어 시간과 장소에 구애받지 않고 분석할 수 있다. 반면, 국민건강보험공단은 건강보험청구자료뿐 아니라 자격 및 보험료, 건강검진, 사망 등 다양한 사회·인구학적 정보가 담긴 테이블을 함께 제공하고 있어 보다 종합적인 분석이 가능하다. 이러한 차이는 단순한 형식의 문제가 아니라, 변수 정의, 분석 대상자 선정, 결과 해석까지 모든 단계에 영향을 미치기 때문에 연구자는 두 기관의 자료 구조와 제공 방식에 대해 충분히 이해하고, 연구 목적에 맞게 적절한 자료를 선택하여 신청해야 한다.

이 책에서는 SAS를 활용하여 건강보험청구자료를 분석 데이터로 전환하는 과정을 소개하였다. 1장에서는 건강보험청구자료를 간단히 소개하고, 2장에서는 건강보험청구자료 개방 현황을 설명하였다. 3장에서는 두 기관에서 개방하는 테이블과 변수를 비교하였고, 특히 변수를 분석에 활용함에 있어 주의 사항을 설명하였다. 4장에서는 교란요인을 개괄적으로 설명하고, 건강보험청구자료에서 적용할 수 있는 교란요인 목록을 제시하였다. 마지막 5장에서는 통계 분석을 위한 분석 데이터 셋 구축 과정에 다빈도로 활용되는 SAS 프로그램을 설명하였다. 특히, SAS 코드와 함께 실제 분석 흐름을 따라가는 방식으로 설명하여 독자들이 실무에서 직접 적용할 수 있도록 구성하였다.

건강보험청구자료는 어디까지나 진료비 청구라는 행정적 목적을 기반으로 구축된 자료라는 점을 반드시 인식해야 한다. 즉, 이 자료는 의료인의 임상적 판단이나 환자의 실제 건강 상태를 직접적으로 반영한 자료라기보다는 요양기관이 건강보험체계 내에서 진료비를 청구하기 위한 과정에 생성된 정보라는 것이다. 예를 들어, 동일한 질병이더라도 심사 기준에 따라 진단명이 다르게 기재될 수 있고, 동일한 환자가 여러 병원에서 진료를 받으면 진료 내역이 분절적으로 기록된다. 이러한 자료의 본질적 특성을 고려하지 않은 분석은 잘못된 결론을 도출할 가능성이 있다. 따라서 건강보험청구자료를 분석할 때는 자료의 구조, 수집 목적, 그리고 제도적 배경에 대한 충분한 이해가 선행되어야 한다. 건강보험청구자료는 앞으로도 보건의료 연구에서 중심적인 역할을 수행할 것이며, 그 활용도는 더욱 확대될 것으로 예상된다. 마지막으로, 이 책을 통해 건강보험청구자료에 대한 이해를 향상시키고, 보다 정교하고 타당한 보건의료 연구를 수행하는 데 도움이 되기를 바란다.

# 참고문헌


- 건강보험심사평가원. 보건의료 근거 생산을 위한 건강보험청구자료 분석 매뉴얼. 2017 건강보험심사평가원
- 건강보험심사평가원 보건의료개방시스템 opendata.hira.or.kr
- 국민건강보험공단 빅데이터 플랫폼 nhiss.nhis.or.kr
- 김경훈. 건강보험청구자료에서 동반질환 보정방법. 보건행정학회지 2016;26(1): 71-78.
- Charlson ME, Pompei P, Ales KL, MacKenzie CR. A new method of classifying prognostic comorbidity in longitudinal studies: development and validation. J Chronic Dis 1987;40(5):373-383.
- Charlson ME, Carrozzino D, Guidi J, Patierno C. Charlson Comorbidity Index: A Critical Review of Clinimetric Properties. Psychother Psychosom. 2022;91(1):8-35.
- Dominick KL, Dudley TK, Coffman CJ, Bosworth HB. Comparison of three comorbidity measures for predicting health service use in patients with osteoarthritis. Arthritis Rheum 2005;53(5):666-672.
- Elixhauser A, Steiner C, Harris DR, Coffey RM. Comorbidity measures for use with administrative data. Med Care 1998;36(1):8-27.
- Feinstein AR. The pre-therapeutic classification of co-morbidity in chronic disease. J Chronic Dis. 1970;23(7):455–68.
- Halfon P, Eggli Y, van Melle G, Chevalier J, Wasserfallen JB, Burnand B. Measuring potentially avoidable hospital readmissions. J Clin Epidemiol 2002;55(6):573-587.
- Han SJ, Kim KH. Adjusting for Confounders in Outcome Studies Using the Korea National Health Insurance Claim Database: A Review of Methods and Applications. J Prev Med Public Health 2024;57(1):1-7.
- Kim KH. Comparative study on three algorithms of the ICD-10 Charlson comorbidity index with myocardial infarction patients. J Prev Med Public Health 2010;43(1):42-49.

- Kim KH, Ahn LS. A comparative study on comorbidity measurements with Lookback period using health insurance database: focused on patients who underwent percutaneous coronary intervention. J Prev Med Public Health 2009; 42(4):267-273.
- Quan H, Sundararajan V, Halfon P, Fong A, Burnand B, Luthi JC, et al. Coding algorithms for defining comorbidities in ICD-9-CM and ICD-10 administrative data. Med Care 2005;43(11):1130-1139.
- Quan H, Li B, Couris CM, Fushimi K, Graham P, Hider P, et al. Updating and validating the Charlson comorbidity index and score for risk adjustment in hospital discharge abstracts using data from 6 countries. Am J Epidemiol 2011;173(6): 676-682
- Sundararajan V, Henderson T, Perry C, Muggivan A, Quan H, Ghali WA. New ICD-10 version of the Charlson comorbidity index predicted inhospital mortality. J Clin Epidemiol 2004;57(12):1288-1294.
- Van Walraven C, Austin PC, Jennings A, Quan H, Forster AJ. A modification of the Elixhauser comorbidity measures into a point system for hospital death using administrative data. Med Care 2009;47(6):626-633.
- Von Korff M, Wagner EH, Saunders K. A chronic disease score from automated pharmacy data. J Clin Epidemiol 1992;45(2):197-203.

# 부록

# 부록 1. 시군구 코드

건강보험심사평가원

| 코드 | 광역시도 | 시군구 |
|---|---|---|
| 110001 | 서울 | 강남구 |
| 110002 | | 강동구 |
| 110003 | | 강서구 |
| 110004 | | 관악구 |
| 110005 | | 구로구 |
| 110006 | | 도봉구 |
| 110007 | | 동대문구 |
| 110008 | | 동작구 |
| 110009 | | 마포구 |
| 110010 | | 서대문구 |
| 110011 | | 성동구 |
| 110012 | | 성북구 |
| 110013 | | 영등포구 |
| 110014 | | 용산구 |
| 110015 | | 은평구 |
| 110016 | | 종로구 |
| 110017 | | 중구 |
| 110018 | | 송파구 |
| 110019 | | 중랑구 |
| 110020 | | 양천구 |
| 110021 | | 서초구 |
| 110022 | | 노원구 |
| 110023 | | 광진구 |
| 110024 | | 강북구 |
| 110025 | | 금천구 |
| 210001 | 부산 | 남구 |
| 210002 | | 동구 |
| 210003 | | 동래구 |
| 210004 | | 진구 |
| 210005 | | 북구 |
| 210006 | | 서구 |
| 210007 | | 영도구 |
| 210008 | | 중구 |

국민건강보험공단

| 코드 | 광역시도 | 시군구 |
|---|---|---|
| 11110 | 서울 | 종로구 |
| 11140 | | 중구 |
| 11170 | | 용산구 |
| 11200 | | 성동구 |
| 11215 | | 광진구 |
| 11230 | | 동대문구 |
| 11260 | | 중랑구 |
| 11290 | | 성북구 |
| 11305 | | 강북구 |
| 11320 | | 도봉구 |
| 11350 | | 노원구 |
| 11380 | | 은평구 |
| 11410 | | 서대문구 |
| 11440 | | 마포구 |
| 11470 | | 양천구 |
| 11500 | | 강서구 |
| 11530 | | 구로구 |
| 11545 | | 금천구 |
| 11560 | | 영등포구 |
| 11590 | | 동작구 |
| 11620 | | 관악구 |
| 11650 | | 서초구 |
| 11680 | | 강남구 |
| 11710 | | 송파구 |
| 11740 | | 강동구 |
| 26110 | 부산 | 중구 |
| 26140 | | 서구 |
| 26170 | | 동구 |
| 26200 | | 영도구 |
| 26230 | | 부산진구 |
| 26260 | | 동래구 |
| 26290 | | 남구 |
| 26320 | | 북구 |
| 26350 | | 해운대구 |
| 26380 | | 사하구 |

| 건강보험심사평가원 | | |
|---|---|---|
| 코드 | 광역시도 | 시군구 |
| 210009 | | 해운대구 |
| 210010 | | 사하구 |
| 210011 | | 금정구 |
| 210012 | | 강서구 |
| 210013 | | 연제구 |
| 210014 | | 수영구 |
| 210015 | | 사상구 |
| 210100 | | 기장군 |
| 220001 | 인천 | 미추홀구 |
| 220002 | | 동구 |
| 220003 | | 부평구 |
| 220004 | | 중구 |
| 220005 | | 서구 |
| 220006 | | 남동구 |
| 220007 | | 연수구 |
| 220008 | | 계양구 |
| 220100 | | 강화군 |
| 220200 | | 옹진군 |
| 230001 | 대구 | 남구 |
| 230002 | | 동구 |
| 230003 | | 북구 |
| 230004 | | 서구 |
| 230005 | | 수성구 |
| 230006 | | 중구 |
| 230007 | | 달서구 |
| 230100 | | 달성군 |
| 230200 | | 군위군 |
| 240001 | 광주 | 동구 |
| 240002 | | 북구 |
| 240003 | | 서구 |
| 240004 | | 광산구 |
| 240005 | | 남구 |
| 250001 | 대전 | 유성구 |
| 250002 | | 대덕구 |
| 250003 | | 서구 |
| 250004 | | 동구 |
| 250005 | | 중구 |

| 국민건강보험공단 | | |
|---|---|---|
| 코드 | 광역시도 | 시군구 |
| 26410 | | 금정구 |
| 26440 | | 강서구 |
| 26470 | | 연제구 |
| 26500 | | 수영구 |
| 26530 | | 사상구 |
| 26710 | | 기장군 |
| 27110 | 대구 | 중구 |
| 27140 | | 동구 |
| 27170 | | 서구 |
| 27200 | | 남구 |
| 27230 | | 북구 |
| 27260 | | 수성구 |
| 27290 | | 달서구 |
| 27710 | | 달성군 |
| 28110 | 인천 | 중구 |
| 28140 | | 동구 |
| 28177 | | 미추홀구 |
| 28185 | | 연수구 |
| 28200 | | 남동구 |
| 28237 | | 부평구 |
| 28245 | | 계양구 |
| 28260 | | 서구 |
| 28710 | | 강화군 |
| 28720 | | 옹진군 |
| 29110 | 광주 | 동구 |
| 29140 | | 서구 |
| 29155 | | 남구 |
| 29170 | | 북구 |
| 29200 | | 광산구 |
| 30110 | 대전 | 동구 |
| 30140 | | 중구 |
| 30170 | | 서구 |
| 30200 | | 유성구 |
| 30230 | | 대덕구 |
| 31110 | 울산 | 중구 |
| 31140 | | 남구 |
| 31170 | | 동구 |
| 31200 | | 북구 |
| 31710 | | 울주군 |

| 건강보험심사평가원 | | | 국민건강보험공단 | | |
|---|---|---|---|---|---|
| 코드 | 광역시도 | 시군구 | 코드 | 광역시도 | 시군구 |
| 260001 | 울산 | 남구 | 36110 | 세종 | 세종특별자치시 |
| 260002 | | 동구 | 41111 | 경기도 | 수원시 장안구 |
| 260003 | | 중구 | 41113 | | 수원시 권선구 |
| 260004 | | 북구 | 41115 | | 수원시 팔달구 |
| 260100 | | 울주군 | 41117 | | 수원시 영통구 |
| 310001 | 경기 | 가평군 | 41131 | | 성남시 수정구 |
| 310002 | | 강화군 | 41133 | | 성남시 중원구 |
| 310006 | | 시흥시 | 41135 | | 성남시 분당구 |
| 310008 | | 양주군 | 41150 | | 의정부시 |
| 310009 | | 양평군 | 41171 | | 안양시 만안구 |
| 310010 | | 여주군 | 41173 | | 안양시 동안구 |
| 310011 | | 연천군 | 41190 | | 부천시 |
| 310012 | | 옹진군 | 41210 | | 광명시 |
| 310016 | | 평택군 | 41220 | | 평택시 |
| 310017 | | 포천군 | 41250 | | 동두천시 |
| 310100 | | 광명시 | 41271 | | 안산시 상록구 |
| 310200 | | 동두천시 | 41273 | | 안산시 단원구 |
| 310300 | | 부천시 | 41281 | | 고양시 덕양구 |
| 310301 | | 부천 소사구 | 41285 | | 고양시 일산동구 |
| 310302 | | 부천 오정구 | 41287 | | 고양시 일산서구 |
| 310303 | | 부천 원미구 | 41290 | | 과천시 |
| 310401 | | 성남 수정구 | 41310 | | 구리시 |
| 310402 | | 성남 중원구 | 41360 | | 남양주시 |
| 310403 | | 성남 분당구 | 41370 | | 오산시 |
| 310500 | | 송탄시 | 41390 | | 시흥시 |
| 310600 | | 수원시 | 41410 | | 군포시 |
| 310601 | | 수원 권선구 | 41430 | | 의왕시 |
| 310602 | | 수원 장안구 | 41450 | | 하남시 |
| 310603 | | 수원 팔달구 | 41461 | | 용인시 처인구 |
| 310604 | | 수원 영통구 | 41463 | | 용인시 기흥구 |
| 310701 | | 안양 만안구 | 41465 | | 용인시 수지구 |
| 310702 | | 안양 동안구 | 41480 | | 파주시 |
| 310800 | | 의정부시 | 41500 | | 이천시 |
| 310900 | | 과천시 | 41550 | | 안성시 |
| 311000 | | 구리시 | 41570 | | 김포시 |
| 311100 | | 안산시 | 41590 | | 화성시 |
| 311101 | | 안산 단원구 | 41610 | | 광주시 |
| | | | 41630 | | 양주시 |
| | | | 41650 | | 포천시 |

| 건강보험심사평가원 | | |
|---|---|---|
| 코드 | 광역시도 | 시군구 |
| 311102 | | 안산 상록구 |
| 311200 | | 평택시 |
| 311300 | | 하남시 |
| 311400 | | 군포시 |
| 311500 | | 남양주시 |
| 311600 | | 의왕시 |
| 311700 | | 시흥시 |
| 311800 | | 오산시 |
| 311901 | | 고양 덕양구 |
| 311902 | | 고양 일산서구 |
| 311903 | | 고양 일산동구 |
| 312000 | | 용인시 |
| 312001 | | 용인 기흥구 |
| 312002 | | 용인 수지구 |
| 312003 | | 용인 처인구 |
| 312100 | | 이천시 |
| 312200 | | 파주시 |
| 312300 | | 김포시 |
| 312400 | | 안성시 |
| 312500 | | 화성시 |
| 312600 | | 광주시 |
| 312700 | | 양주시 |
| 312800 | | 포천시 |
| 312900 | | 여주시 |
| 320001 | 강원 | 고성군 |
| 320004 | | 양구군 |
| 320005 | | 양양군 |
| 320006 | | 영월군 |
| 320008 | | 인제군 |
| 320009 | | 정선군 |
| 320010 | | 철원군 |
| 320012 | | 평창군 |
| 320013 | | 홍천군 |
| 320014 | | 화천군 |
| 320015 | | 횡성군 |
| 320100 | | 강릉시 |
| 320200 | | 동해시 |

| 국민건강보험공단 | | |
|---|---|---|
| 코드 | 광역시도 | 시군구 |
| 41670 | | 여주시 |
| 41800 | | 연천군 |
| 41820 | | 가평군 |
| 41830 | | 양평군 |
| 42110 | 강원도 | 춘천시 |
| 42130 | | 원주시 |
| 42150 | | 강릉시 |
| 42170 | | 동해시 |
| 42190 | | 태백시 |
| 42210 | | 속초시 |
| 42230 | | 삼척시 |
| 42720 | | 홍천군 |
| 42730 | | 횡성군 |
| 42750 | | 영월군 |
| 42760 | | 평창군 |
| 42770 | | 정선군 |
| 42780 | | 철원군 |
| 42790 | | 화천군 |
| 42800 | | 양구군 |
| 42810 | | 인제군 |
| 42820 | | 고성군 |
| 42830 | | 양양군 |
| 43111 | 충청북도 | 청주시 상당구 |
| 43112 | | 청주시 서원구 |
| 43113 | | 청주시 흥덕구 |
| 43114 | | 청주시 청원구 |
| 43130 | | 충주시 |
| 43150 | | 제천시 |
| 43720 | | 보은군 |
| 43730 | | 옥천군 |
| 43740 | | 영동군 |
| 43745 | | 증평군 |
| 43750 | | 진천군 |
| 43760 | | 괴산군 |
| 43770 | | 음성군 |
| 43800 | | 단양군 |
| 44131 | 충청남도 | 천안시 동남구 |
| 44133 | | 천안시 서북구 |
| 44150 | | 공주시 |

| 건강보험심사평가원 | | |
|---|---|---|
| 코드 | 광역시도 | 시군구 |
| 320300 | | 속초시 |
| 320400 | | 원주시 |
| 320500 | | 춘천시 |
| 320600 | | 태백시 |
| 320700 | | 삼척시 |
| 330001 | 충북 | 괴산군 |
| 330002 | | 단양군 |
| 330003 | | 보은군 |
| 330004 | | 영동군 |
| 330005 | | 옥천군 |
| 330006 | | 음성군 |
| 330007 | | 제천군 |
| 330009 | | 진천군 |
| 330010 | | 청원군 |
| 330011 | | 증평군 |
| 330100 | | 청주시 |
| 330101 | | 청주 상당구 |
| 330102 | | 청주 흥덕구 |
| 330103 | | 청주 청원구 |
| 330104 | | 청주 서원구 |
| 330200 | | 충주시 |
| 330300 | | 제천시 |
| 340002 | 충남 | 금산군 |
| 340004 | | 당진군 |
| 340007 | | 부여군 |
| 340009 | | 서천군 |
| 340011 | | 연기군 |
| 340012 | | 예산군 |
| 340013 | | 천안군 |
| 340014 | | 청양군 |
| 340015 | | 홍성군 |
| 340016 | | 태안군 |
| 340200 | | 천안시 |
| 340201 | | 천안 서북구 |
| 340202 | | 천안 동남구 |
| 340300 | | 공주시 |
| 340400 | | 보령시 |

| 국민건강보험공단 | | |
|---|---|---|
| 코드 | 광역시도 | 시군구 |
| 44180 | | 보령시 |
| 44200 | | 아산시 |
| 44210 | | 서산시 |
| 44230 | | 논산시 |
| 44250 | | 계룡시 |
| 44270 | | 당진시 |
| 44710 | | 금산군 |
| 44760 | | 부여군 |
| 44770 | | 서천군 |
| 44790 | | 청양군 |
| 44800 | | 홍성군 |
| 44810 | | 예산군 |
| 44825 | | 태안군 |
| 45111 | 전라북도 | 전주시 완산구 |
| 45113 | | 전주시 덕진구 |
| 45130 | | 군산시 |
| 45140 | | 익산시 |
| 45180 | | 정읍시 |
| 45190 | | 남원시 |
| 45210 | | 김제시 |
| 45710 | | 완주군 |
| 45720 | | 진안군 |
| 45730 | | 무주군 |
| 45740 | | 장수군 |
| 45750 | | 임실군 |
| 45770 | | 순창군 |
| 45790 | | 고창군 |
| 45800 | | 부안군 |
| 46110 | 전라남도 | 목포시 |
| 46130 | | 여수시 |
| 46150 | | 순천시 |
| 46170 | | 나주시 |
| 46230 | | 광양시 |
| 46710 | | 담양군 |
| 46720 | | 곡성군 |
| 46730 | | 구례군 |
| 46770 | | 고흥군 |
| 46780 | | 보성군 |
| 46790 | | 화순군 |

| 건강보험심사평가원 | | |
| --- | --- | --- |
| 코드 | 광역시도 | 시군구 |
| 340500 | | 아산시 |
| 340600 | | 서산시 |
| 340700 | | 논산시 |
| 340800 | | 계룡시 |
| 340900 | | 당진시 |
| 350001 | 전북 | 고창군 |
| 350004 | | 무주군 |
| 350005 | | 부안군 |
| 350006 | | 순창군 |
| 350008 | | 완주군 |
| 350009 | | 익산군 |
| 350010 | | 임실군 |
| 350011 | | 장수군 |
| 350013 | | 진안군 |
| 350100 | | 군산시 |
| 350200 | | 남원시 |
| 350300 | | 익산시 |
| 350400 | | 전주시 |
| 350401 | | 전주 완산구 |
| 350402 | | 전주 덕진구 |
| 350500 | | 정읍시 |
| 350600 | | 김제시 |
| 360001 | 전남 | 강진군 |
| 360002 | | 고흥군 |
| 360003 | | 곡성군 |
| 360006 | | 구례군 |
| 360008 | | 담양군 |
| 360009 | | 무안군 |
| 360010 | | 보성군 |
| 360012 | | 신안군 |
| 360014 | | 영광군 |
| 360015 | | 영암군 |
| 360016 | | 완도군 |
| 360017 | | 장성군 |
| 360018 | | 장흥군 |
| 360019 | | 진도군 |
| 360020 | | 함평군 |

| 국민건강보험공단 | | |
| --- | --- | --- |
| 코드 | 광역시도 | 시군구 |
| 46800 | | 장흥군 |
| 46810 | | 강진군 |
| 46820 | | 해남군 |
| 46830 | | 영암군 |
| 46840 | | 무안군 |
| 46860 | | 함평군 |
| 46870 | | 영광군 |
| 46880 | | 장성군 |
| 46890 | | 완도군 |
| 46900 | | 진도군 |
| 46910 | | 신안군 |
| 47111 | 경상북도 | 포항시 남구 |
| 47113 | | 포항시 북구 |
| 47130 | | 경주시 |
| 47150 | | 김천시 |
| 47170 | | 안동시 |
| 47190 | | 구미시 |
| 47210 | | 영주시 |
| 47230 | | 영천시 |
| 47250 | | 상주시 |
| 47280 | | 문경시 |
| 47290 | | 경산시 |
| 47720 | | 군위군 |
| 47730 | | 의성군 |
| 47750 | | 청송군 |
| 47760 | | 영양군 |
| 47770 | | 영덕군 |
| 47820 | | 청도군 |
| 47830 | | 고령군 |
| 47840 | | 성주군 |
| 47850 | | 칠곡군 |
| 47900 | | 예천군 |
| 47920 | | 봉화군 |
| 47930 | | 울진군 |
| 47940 | | 울릉군 |
| 48121 | 경상남도 | 창원시 의창구 |
| 48123 | | 창원시 성산구 |
| 48125 | | 창원시 마산합포구 |
| 48127 | | 창원시 마산회원구 |

| 건강보험심사평가원 | | | 국민건강보험공단 | | |
|---|---|---|---|---|---|
| 코드 | 광역시도 | 시군구 | 코드 | 광역시도 | 시군구 |
| 360021 | | 해남군 | 48129 | | 창원시 진해구 |
| 360022 | | 화순군 | 48170 | | 진주시 |
| 360200 | | 나주시 | 48220 | | 통영시 |
| 360300 | | 목포시 | 48240 | | 사천시 |
| 360400 | | 순천시 | 48250 | | 김해시 |
| 360500 | | 여수시 | 48270 | | 밀양시 |
| 360700 | | 광양시 | 48310 | | 거제시 |
| 370002 | 경북 | 고령군 | 48330 | | 양산시 |
| 370003 | | 군위군 | 48720 | | 의령군 |
| 370005 | | 달성군 | 48730 | | 함안군 |
| 370007 | | 봉화군 | 48740 | | 창녕군 |
| 370010 | | 성주군 | 48820 | | 고성군 |
| 370012 | | 영덕군 | 48840 | | 남해군 |
| 370013 | | 영양군 | 48850 | | 하동군 |
| 370014 | | 영일군 | 48860 | | 산청군 |
| 370017 | | 예천군 | 48870 | | 함양군 |
| 370018 | | 울릉군 | 48880 | | 거창군 |
| 370019 | | 울진군 | 48890 | | 합천군 |
| 370021 | | 의성군 | 50110 | 제주도 | 제주시 |
| 370022 | | 청도군 | 50130 | | 서귀포시 |
| 370023 | | 청송군 | | | |
| 370024 | | 칠곡군 | | | |
| 370100 | | 경주시 | | | |
| 370200 | | 구미시 | | | |
| 370300 | | 김천시 | | | |
| 370400 | | 안동시 | | | |
| 370500 | | 영주시 | | | |
| 370600 | | 영천시 | | | |
| 370700 | | 포항시 | | | |
| 370701 | | 포항 남구 | | | |
| 370702 | | 포항 북구 | | | |
| 370800 | | 문경시 | | | |
| 370900 | | 상주시 | | | |
| 371000 | | 경산시 | | | |
| 380002 | 경남 | 거창군 | | | |
| 380003 | | 고성군 | | | |
| 380004 | | 김해군 | | | |

| 건강보험심사평가원 | | | 국민건강보험공단 |
|---|---|---|---|
| 코드 | 광역시도 | 시군구 | |
| 380005 | | 남해군 | |
| 380007 | | 사천군 | |
| 380008 | | 산청군 | |
| 380011 | | 의령군 | |
| 380012 | | 창원군 | |
| 380014 | | 창녕군 | |
| 380016 | | 하동군 | |
| 380017 | | 함안군 | |
| 380018 | | 함양군 | |
| 380019 | | 합천군 | |
| 380100 | | 김해시 | |
| 380200 | | 마산시 | |
| 380300 | | 사천시 | |
| 380500 | | 진주시 | |
| 380600 | | 진해시 | |
| 380700 | | 창원시 | |
| 380701 | | 창원 마산회원구 | |
| 380702 | | 창원 마산합포구 | |
| 380703 | | 창원 진해구 | |
| 380704 | | 창원 의창구 | |
| 380705 | | 창원 성산구 | |
| 380800 | | 통영시 | |
| 380900 | | 밀양시 | |
| 381000 | | 거제시 | |
| 381100 | | 양산시 | |
| 390001 | 제주 | 남제주군 | |
| 390002 | | 북제주군 | |
| 390100 | | 서귀포시 | |
| 390200 | | 제주시 | |
| 410000 | 세종 | 세종시 | |

# 부록 2. 의약품 분류번호 및 약효분류

100 신경계 감각기관용 의약품
- 110 중추신경계용약
  - 111 전신마취제
  - 112 최면진정제
  - 113 항전간제
  - 114 해열, 진통, 소염제
  - 115 각성제, 흥분제
  - 116 진훈제
  - 117 정신신경용제
  - 119 기타의 중추신경용약
- 120 말초신경계용약
  - 121 국소마취제
  - 122 골격근이완제
  - 123 자율신경제
  - 124 진경제
  - 125 발한제, 지한제
  - 129 기타의 말초신경용약
- 130 감각기관용약
  - 131 안과용제
  - 132 이비과용제
  - 139 기타의 감각기관용약
- 140 알레르기용약
  - 141 항히스타민제
  - 142 자격료법제(비특이성 면역원제포함)
  - 149 기타의 알레르기용약
- 190 기타의 신경계 및 감각기관용의약품

200 개개의 기관계용 의약품
- 210 순환계용약
  - 211 강심제
  - 212 부정맥용제
  - 213 이뇨제
  - 214 혈압강하제
  - 215 혈관보강제
  - 216 혈관수축제
  - 217 혈관확장제
  - 218 동맥경화용제
  - 219 기타의순환계용약
- 220 호흡기관용약
  - 221 호흡촉진제
  - 222 진해거담제
  - 223 함소흡입제
  - 229 기타의 호흡기관용약
- 230 소화기관용약
  - 231 치과구강용약
  - 232 소화성궤양용제
  - 233 건위소화제
  - 234 제산제
  - 235 최토제, 진토제
  - 236 이담제
  - 237 정장제
  - 238 하제, 완장제
  - 239 기타의 소화기관용약
- 240 호르몬제(항호르몬제를 포함)
  - 241 뇌하수체호르몬제
  - 242 수액신호르몬제
  - 243 갑상선, 부갑상선호르몬제
  - 244 단백동화스테로이드제
  - 245 부신호르몬제
  - 246 남성호르몬제
  - 247 난포호르몬제 및 황체호르몬제
  - 248 혼합호르몬제
  - 249 기타의 호르몬제(항호르몬제를 포함)
- 250 비뇨생식기관 및 항문용약
  - 251 요로소독제
  - 252 자궁수축제
  - 253 통경제
  - 254 피임제
  - 255 비뇨생식기관용제(성병예방제포함)
  - 256 치질용제
  - 259 기타의 비뇨생식기관 및 항문용약
- 260 외피용약
  - 261 외피용살균소독제
  - 262 창상보호제
  - 263 화농성질환용제
  - 264 진통, 진양, 수렴, 소염제
  - 265 기생성 피부질환용제
  - 266 피부연화제(부식제를 포함)
  - 267 모발용제(발모, 탈모, 염모, 양모제)
  - 268 욕제
  - 269 기타의 외피용약
- 290 기타의 개개의 기관용 의약품

300 대상성 의약품
310 비타민제
311 비타민A 및 D제
312 비타민$B_1$제
313 비타민B제(비타민$B_1$을 제외)
314 비타민C 및 P제
315 비타민E 및 K제
316 혼합비타민제(비타민A,D 혼합제를 제외)
319 기타의 비타민제
320 자양강장변질제
321 칼슘제
322 무기질제제
323 당류제
324 유기산제제
325 단백아미노산제제
326 장기제제
327 유유아용제
329 기타의 자양강장변질제
330 혈액 및 체액용약
331 혈액대용제
332 지혈제
333 혈액응고저지제
339 기타의 혈액 및 체액용약
340 인공관류용제
341 인공신장관류용제
349 기타의 인공관류용제
390 기타의 대사성 의약품
391 간장질환용제
392 해독제
393 습관성중독용제
394 통풍치료제
395 효소제제
396 당뇨병용제
398 종합대사성제제
399 따로 분류되지 않는 대사성 의약품
400 조직세포의 기능용 의약품
410 조직부활용약
411 클로로필제제
412 색소제제
419 기타의 세포부활용약
420 종양용약
421 항악성종양제
429 기타의 종양치료제
430 조직세포의 치료 및 진단 목적
431 방사성 의약품
439 기타의 조직세포의 치료 및 진단
490 기타의 조직세포의 기능용의약품

600 항병원생물성 의약품
610 항생물질제제
611 주로 그람양성균에 작용하는 것
612 주로 그람음성균에 작용하는 것
613 주로 항간성균에 작용하는 것
614 주로 그람양성균, 리케치아, 비루스에 작용하는 것
615 주로 그람양성, 음성균, 리케치아, 비루스에 작용하는 것
616 주로 곰팡이, 원충에 작용하는 것
617 주로 악성종양에 작용하는 것
618 주로 그람양성, 음성균에 작용하는 것
619 기타의 항생물질 제제(복합항생물질제제를 포함)
620 화학료법제
621 설화제
622 항결핵제
623 치나제
624 구매제
625 후란계 제제
629 기타의 화학료법제
630 생물학적 제제
631 백신류
632 독소류 및 톡소이드류
633 항독소 및 렙토스피라혈청류
634 혈액제제류
635 생물학적 시험용제제류
636 생물학적 제제
639 기타의 생물학적 제제
640 기생동물에 대한 의약품
641 항원충제
642 구충제
649 기타의 기생동물에 대한 의약품
690 기타의 병원생물에 대한 의약품
700 치료를 주목적으로 하지 않는 의약품 및 관련제품
710 조제용약
711 부형제
712 연고기제
713 용해제
714 교미교취착색제
715 유화제
719 기타의 조제용약

720 진단용약
721 X선조영제
722 일반검사용 시약
723 혈액검사용 시약
724 생화학적 검사용 시약
725 면역혈청학적 검사용 시약
726 세균학적 검사용제
727 병리조직검사용 시약
728 기능검사용 시약
729 기타의 진단용약
730 공중위생용약
731 방부제
732 방역용 살균소독제
733 방충제
734 살충제
739 기타의 공중위생용약
740 관련제품
741 캅셀류
790 기타의 치료를 주목적으로 하지 않는 의약품
791 반창고
799 따로 분류되지 않고 치료를 주목적으로 하지 않는 의약품
800 마 약
810 알카로이드 마약(천연)
811 아편알카로이드계 제제
812 코카알카로이드계 제제
819 기타의 알카로이드계 마약(천연마약)
820 비알카로이드계 마약
821 합성마약
829 기타의 비알카로이드계 마약
890 기타의 마약

# 부록 3. 특정기호 상세 내역

| 코드 | 설명 | 코드 | 설명 |
|---|---|---|---|
| F001 | 자연분만 | V155 | 근육골격계통의 선천기형 및 변형-달리 분류되지 않은 근육골격계통의 선천기형(Q79) |
| F002 | 조산아 등 저체중출생아, 37주 이상 2.5kg | V156 | 선천기형-신경섬유종증(비악성: 폰 렉클링하우젠병: Q85.0) |
| F003 | 의약분업 예외 환자가 병원급 이상 요양기관 | V157 | 선천기형-(이상형태증성)태아알코올증후군(Q86.0) |
| F004 | 만 6세 미만 입원 진료 | V158 | 선천기형-주로 단신과 관련된 선천기형 증후군(프라더-윌리증후군 등: Q87.1) |
| F006 | 요양병원 신체기능저하군(요-7) 본인부담률 40% 적용 | V159 | 염색체이상-다운증후군(Q90) |
| V001 | 인공신장투석 실시 당일 | V160 | 염색체이상-에드워즈 증후군 및 파타우 증후군(Q91) |
| V003 | 계속적 복막관류술 실시 또는 복막관류액 수령 당일 | V161 | 정신질환자가 해당 상병(F20-F29)으로 진료를 받은 당일 |
| V005 | 신이식술 후 조직이식 거부반응 억제제를 투여받은 당일 | V162 | 뇌하수체 양성신생물(D35.2) |
| V006 | 고엽제후유 의증 질환자 | V163 | 효소장애에 의한 빈혈-포도당6인산탈수소효소[6PD]결핍에 의한 빈혈 (D55.0) |
| V007 | 고셔질환자의 효소대치법 약제투여 시 | V164 | 효소장애에 의한 빈혈-해당 효소장애에 의한 빈혈(D55.2) |
| V008 | 등록 암환자를 제외한 환자 | V165 | 내분비샘의 장애-칼만증후군, 쉬이한 증후군(E23.0) |
| V009 | 혈우병 환자가 항응고인자 동결침전제제 등의 약제 및 기타 혈우병 치료를 받은 당일 | V166 | 내분비샘의 장애-기타 명시된 내분비장애(레프리코니즘 등: E34.8) |
| V011 | 18세 미만의 소아암 환자 | V167 | 멜커슨증후군(멜커슨-로젠탈증후군: G51.2) |
| V012 | 중증 근무력증 및 근육의 원발성 장애(G70, G71) | V168 | 복합 부위 통증증후군 2형(G56.4) |
| V013 | 간이식술 후 조직이식 거부 반응억제제 또는 간염 예방치료제 투여를 받은 당일 | V169 | 다발신경병증-유전성 운동 및 감각 신경병증(샤르코-마리-투스병 등: G60.0) |
| V014 | 췌장이식술 후 조직이식 거부 반응억제제를 투여받은 당일 | V170 | 다발신경병증-달리 분류된 감염성 및 기생충성 질환에서의 다발 신경병증(G63.0) |
| V015 | 심장이식술 후 조직이식 거부 반응억제제를 투여받은 당일 | V171 | 자율신경계통의 기타 장애(G90.8) |
| V021 | 염색체이상-터너증후군(Q96) | V172 | 척수공동증 및 구공동증(G95.0) |
| V022 | 다발경화증(G35) | V173 | 버드-키아리 증후군(I82.0) |
| V023 | 재생불량성빈혈(D60, D61) | V174 | 원발성 담즙성 경화(K74.3) |

| | | | |
|---|---|---|---|
| V024 | 뮤코다당증 환자 | V175 | 자가면역 간염(K75.4) |
| V025 | 부신백질이영양증 환자 | V176 | 후천성 수포성 표피박리증(L12.3) |
| V026 | 백혈병환자 | V177 | 복합 부위 통증증후군 1형(M89.0) |
| V027 | 미등록 암 환자가 해당 상병(C00-C97, D00-D09, D32-D33, D37-D48, D76.0, L41.2)으로 진료를 받은 당일 | V178 | 재발성 다발 연골염(M94.1) |
| V073 | 조혈모세포 공여자 | V179 | 신경계통의 선천 기형-척추갈림증(Q05) |
| V074 | 신장 공여자 | V180 | 신경계통의 선천 기형-척수갈림증(Q06.2) |
| V075 | 간공여자 | V181 | 쓸개관(담관)의 폐쇄(Q44.2) |
| V076 | 췌장 공여자 | V182 | 근육골격계통의 선천기형 및 변형-턱얼굴뼈 형성이상(Q75.4) |
| V077 | 심장 공여자 | V183 | 근육골격계통의 선천기형 및 변형-불완전 골형성증(Q78.0) |
| V078 | 폐 공여자 | V184 | 치사성, 이영양성 표피수포증(Q81.1, Q81.2) |
| V081 | 제대혈조혈모세포 이식 환자 | V185 | 선천기형-주로 얼굴 형태에 영향을 주는 선천기형증후군(Apert, 골덴하증후군 등: Q87.0) |
| V082 | 자가조혈모세포 이식 환자 | V186 | 선천기형-마르팡증후군(Q87.4) |
| V083 | 동종조혈모세포 이식 환자 | V187 | 발작성 야간 혈색소뇨증(D59.5) |
| V084 | 신장 이식 환자 | V188 | 혈소판 관련 질환-에반스 증후군(D69.3) |
| V085 | 간 이식 환자 | V189 | 대사장애-인 대사 및 인산효소의 장애(E83.3) |
| V086 | 췌장 이식 환자 | V190 | 진행성 핵상성 안근마비 [스틸-리차드슨-올스제위스키](G23.1) |
| V087 | 심장 이식 환자 | V191 | 뇌혈관질환자 |
| V088 | 폐 이식 환자 | V192 | 심장질환자 |
| V101 | 결핵-장, 복막 및 장간막샘 결핵(A18.3, K93.0) | V193 | 등록 암 환자 |
| V102 | 중추신경계통의 비정형 바이러스감염(A81) | V194 | 등록 암 환자 |
| V103 | 인체면역결핍바이러스질환(B20-B24) | V201 | 기타 망막 장애-노년 황반변성(삼출성, H35.3) |
| V104 | 거대세포바이러스병(B25) | V202 | 원발성 폐성 고혈압(I27.0) |
| V105 | 크립토콕쿠스증(B45) | V203 | 척추뼈끝 형성이상(Q77.7)환자가 해당 상으로 진료를 받은 당일 |
| V106 | 혈소판 관련 질환-정성혈소판결함(D69.1) | V204 | 선천기형-결정성 경화증(부르느뷰 병 등: Q85.1) |
| V107 | 혈소판 관련 질환-상세불명의 혈소판 감소증(D69.6) | V205 | 염색체이상-5번 염색체 짧은 팔의 결손(Q93.4) |
| V108 | 무과립세포증(D70) | V206 | 결핵-다제내성결핵(U88.0), 광범위 약제내성 결핵(U88.1) |
| V109 | 다핵성호중구의 기능적장애(D71) | V207 | 활동성 구루병(E55.0) |
| V110 | 림프 세망조직 및 세망 조직구성 계통을 침범하는 특정질환(D76.1, D76.2, D76.3) | V208 | 아급성 괴사성 뇌병증(G31.8) |

| V111 | 면역결핍증 및 사르코이도시스(D80-D84, D86) | V209 | 기타 망막 장애-망막색소변성증(H35.5) |
|---|---|---|---|
| V112 | 내분비샘의 장애-말간거대증 및 뇌하수체거인증(E22.0) | V210 | 수포성 장애-낙엽상 천포창(L10.2) |
| V113 | 내분비샘의 장애-고프로락틴혈증(E22.1) | V211 | 수포성 장애-수포성 유사천포창(L12.0) |
| V114 | 내분비샘의 장애-쿠싱 증후군(E24) | V212 | 수포성 장애-흉터성 유사천포창(L12.1) |
| V115 | 내분비샘의 장애-부신성기장애(E25) | V213 | 뼈의 파젯병[변형성 골염](M88) |
| V116 | 내분비샘의 장애-부신의 기타장애(E27.1, E27.2, E27.4) | V214 | 신경계통의 선천 기형-무뇌회증(Q04.3) |
| V117 | 대사장애-대사장애(E70-E77) | V215 | 근육골격계통의 선천기형 및 변형-필레증후군(Q78.5) |
| V118 | 대사장애-기타 포르피린증(E80.2) | V216 | 선천기형-포이츠-제거스 증후군, 스터지-베버(-디미트리) 증후군(Q85.8) |
| V119 | 대사장애-구리 대사장애(윌슨병 등: E83.0) | V217 | 염색체이상-캐취22(22염색체 미세결실) 증후군, 엔젤만 증후군(Q93.5) |
| V120 | 대사장애-낭성섬유증(E84) | V218 | 염색체이상-클라인펠터증후군(Q98.0, Q98.1, Q98.2, Q98.4) |
| V121 | 대사장애-아밀로이드증(E85) | V219 | 용혈성 요독증후군(D59.3) |
| V122 | 레트 증후군(F84.2) | V220 | 선천성 이적혈구 생성 빈혈(D64.4) |
| V123 | 중추신경계통에 영향을 주는 전신위축(헌팅톤병 등: G10-G13) | V221 | 대사장애-레쉬-니한 증후군(E79.1) |
| V124 | 파킨슨병(G20) | V222 | 폐포단백증(J84.0) |
| V125 | 간질지속상태(G41) | V223 | 혈청검사 양성인 류마티스 관절염(M05) |
| V126 | 다발성신경병증-염증성 다발 신경병증(G61) | V224 | 진행성 골화성 섬유형성이상(M61.1) |
| V127 | 심근질환(I42.2-I42.4) | V225 | 순환기계통의 선천기형-단일심실(Q20.4) |
| V128 | 모야모야병(I67.5) | V226 | 순환기계통의 선천기형-아이젠멩거 복합증후군(I27.8), 아이젠멩거 결손증(Q21.8) |
| V129 | 폐색성 혈전 혈관염[버거병](I73.1) | V227 | 선천성방광의 외반증(Q64.1) |
| V130 | 크론병[국한성 창자염](K50) | V228 | 근육골격계통의 선천기형 및 변형-관모양뼈 및 척추의 성장 결손을 동반한 골연골 형성이상(Q77) |
| V131 | 궤양성대장염(큰창자염)(K51) | V229 | 근육골격계통의 선천기형 및 변형-골화석증(Q78.2) |
| V132 | 수포성 장애-보통 천포창 1(L10.0) | V230 | 근육골격계통의 선천기형 및 변형-연골종증(Q78.4) |
| V133 | 청소년성 관절염(M08.0-M08.3) | V231 | 희귀난치성질환자 해당상병 가정간호 |
| V134 | 전신 결합조직 장애-결정성 다발 동맥염 및 관련 상태(M30.0-M30.2) | V232 | 지중해빈혈(D56) |
| V135 | 전신 결합조직 장애-기타 괴사성혈관병증(M31.0-M31.4) | V233 | 레녹스-가스토 증후군(G40.4) |

| V136 | 전신 결합조직 장애-전신 홍반성 루프스(M32) | V234 | 발작성 수면 및 탈력 발작(G47.4) |
|---|---|---|---|
| V137 | 전신 결합조직 장애-피부다발근육염(M33) | V235 | 랑뒤-오슬러-웨버병(I78.0) |
| V138 | 전신 결합조직 장애-전신 경화증(M34) | V236 | 특발성 폐섬유증(J84.1) |
| V139 | 전신 결합조직 장애-결합조직의 기타 전신침습(M35.0-M35.7) | V237 | 건선성 및 장병증성 관절병증(M07.1-M07.3) |
| V140 | 강직성 척추염(M45) | V238 | 현미경적 다발동맥염(M31.7) |
| V141 | 콩팥(신장성) 요붕증(N25.1) | V239 | 댄디-워커 증후군(Q03.1) |
| V142 | 신생아의 호흡곤란(P22) | V240 | 열뇌(Q04.6) |
| V143 | 신경계통의 선천 기형-아놀드-키아리증후군(Q07.0) | V241 | 무설증(Q38.3) |
| V144 | 순환기계통의 선천기형-심방실 및 연결의 선천 기형(Q20.0-Q20.2) | V242 | 다발 선천 뼈돌출증(Q78.6) |
| V145 | 순환기계통의 선천기형-폐동맥판막 폐쇄(Q22.0) | V243 | 루빈스타인-테이비 증후군(Q87.2) |
| V146 | 순환기계통의 선천기형-발육부전성 우심 증후군(Q22.6) | V244 | 소토스 증후군(Q87.3) |
| V147 | 순환기계통의 선천기형-대동맥 및 승모판의 선천 기형(Q23) | V245 | 여린엑스 증후군(Q99.2) |
| V148 | 순환기계통의 선천기형-심장동맥 혈관의 기형(Q24.5) | V246 | 결핵(A15-A19) |
| V149 | 순환기계통의 선천기형-폐동맥 폐쇄(Q25.5) | V247 | 2도 이상(T20.2 T21.2 T22.2 T23.2 T24.2 T25.2 T30.2)이면서 체표면적 20%이상(T31.2-T31.9)인 경우 |
| V150 | 순환기계통의 선천기형-대정맥의 선천기형(Q26.0-Q26.6) | V248 | 3도 이상(T20.3 T21.3 T22.3 T23.3 T24.3 T25.3 T30.3)이면서 체표면적 10%이상(T31.1-T31.9)인 경우 |
| V151 | 근육골격계통의 선천기형 및 변형-머리얼굴뼈 형성이상(크루종병: Q75.1) | V249 | 기능 및 일상생활에 중요한 영향을 주는 안면부 수부 족부 성기 및 회음부화상은 2도이상 눈 및 각막 등 안구 화상 |
| V152 | 연골무형성증(Q77.4)환자 | V250 | 흡입 내부장기 화상(T27.1-T27.3, T28.1-28.3)인 경우 |
| V153 | 이영양성 형성이상(Q77.5)환자 | V251 | 등록 중증화상 환자가 등록일로부터 1년간 고시에서 정한 해당 상병으로 가정간호를 받는 경우 |
| V154 | 근육골격계통의 선천기형 및 변형-다골성 섬유성 형성이상(알브라이트증후군: Q78.1) | | |

# 부록 4. 요양기관 테이블 변수명

<table>
<tr><th>번호</th><th>한글 변수명</th><th>영문 변수명</th><th>설명</th></tr>
<tr><td>1</td><td>기준연월</td><td>STD_YYYYMM</td><td></td></tr>
<tr><td>2</td><td>요양기관기호</td><td>MDCARE_SYM</td><td></td></tr>
<tr><td>3</td><td>요양기관종별코드</td><td>YOYANG_CLSFC_CD</td><td>
<table>
<tr><th>코드</th><th>설명</th><th>코드</th><th>설명</th></tr>
<tr><td>0</td><td>상급종합병원</td><td>70</td><td>보건소</td></tr>
<tr><td>1</td><td>종합병원</td><td>71</td><td>보건지소</td></tr>
<tr><td>2</td><td>병원</td><td>73</td><td>보건진료소</td></tr>
<tr><td>20</td><td>병원</td><td>75</td><td>모자보건센터</td></tr>
<tr><td>28</td><td>요양병원</td><td>77</td><td>보건의료원</td></tr>
<tr><td>29</td><td>정신병원</td><td>8</td><td>약국</td></tr>
<tr><td>3</td><td>의원</td><td>91</td><td>한방종합병원</td></tr>
<tr><td>4</td><td>치과병원</td><td>92</td><td>한방병원</td></tr>
<tr><td>5</td><td>치과의원</td><td>93</td><td>한의원</td></tr>
<tr><td>6</td><td>조산소</td><td></td><td></td></tr>
</table>
</td></tr>
<tr><td>4</td><td>설립구분코드</td><td>FDAT_TYPE_CD</td><td>
<table>
<tr><th>코드</th><th>설명</th><th>코드</th><th>설명</th></tr>
<tr><td>01</td><td>국립</td><td>08</td><td>사단법인</td></tr>
<tr><td>02</td><td>국립대학</td><td>09</td><td>재단법인</td></tr>
<tr><td>03</td><td>공립</td><td>10</td><td>회사법인</td></tr>
<tr><td>04</td><td>학교법인</td><td>11</td><td>의료법인</td></tr>
<tr><td>05</td><td>특수법인</td><td>12</td><td>개인</td></tr>
<tr><td>06</td><td>종교법인</td><td>13</td><td>군병원</td></tr>
<tr><td>07</td><td>사회복지법인</td><td>14</td><td>기타</td></tr>
</table>
</td></tr>
<tr><td>5</td><td>표시과목코드</td><td>DISP_SUBJ_TYPE</td><td>
<table>
<tr><th>코드</th><th>설명</th><th>코드</th><th>설명</th></tr>
<tr><td>00</td><td>일반의</td><td>25</td><td>산업의학과</td></tr>
<tr><td>01</td><td>내과</td><td>26</td><td>예방의학과</td></tr>
<tr><td>02</td><td>신경과</td><td>49</td><td>치과</td></tr>
<tr><td>03</td><td>정신과</td><td>50</td><td>구강악안면외과</td></tr>
<tr><td>04</td><td>외과</td><td>51</td><td>치과보철과</td></tr>
<tr><td>05</td><td>정형외과</td><td>52</td><td>치과교정과</td></tr>
<tr><td>06</td><td>신경외과</td><td>53</td><td>소아치과</td></tr>
<tr><td>07</td><td>흉부외과</td><td>54</td><td>치주과</td></tr>
<tr><td>08</td><td>성형외과</td><td>55</td><td>치과보존과</td></tr>
<tr><td>09</td><td>마취통증의학과</td><td>56</td><td>구강내과</td></tr>
<tr><td>10</td><td>산부인과</td><td>57</td><td>구강악안면방사선과</td></tr>
<tr><td>11</td><td>소아청소년과</td><td>58</td><td>구강병리과</td></tr>
<tr><td>12</td><td>안과</td><td>59</td><td>예방치과</td></tr>
<tr><td>13</td><td>이비인후과</td><td>60</td><td>치과소계</td></tr>
<tr><td>14</td><td>피부과</td><td>80</td><td>한방내과</td></tr>
</table>
</td></tr>
</table>

<table>
<tr><th>번호</th><th>한글 변수명</th><th>영문 변수명</th><th>설명</th></tr>
<tr><td></td><td></td><td></td><td><table>
<tr><th>코드</th><th>설명</th><th>코드</th><th>설명</th></tr>
<tr><td>15</td><td>비뇨기과</td><td>81</td><td>한방부인과</td></tr>
<tr><td>16</td><td>영상의학과</td><td>82</td><td>한방소아과</td></tr>
<tr><td>17</td><td>방사선 종양학과</td><td>83</td><td>한방안이비인후피부과</td></tr>
<tr><td>18</td><td>병리과</td><td>84</td><td>한방신경정신과</td></tr>
<tr><td>19</td><td>진단검사의학과</td><td>85</td><td>침구과</td></tr>
<tr><td>20</td><td>결핵과</td><td>86</td><td>한방재활의학과</td></tr>
<tr><td>21</td><td>재활의학과</td><td>87</td><td>사상체질과</td></tr>
<tr><td>22</td><td>핵의학과</td><td>88</td><td>한방응급</td></tr>
<tr><td>23</td><td>가정의학과</td><td></td><td></td></tr>
<tr><td>24</td><td>응급의학과</td><td></td><td></td></tr>
</table></td></tr>
<tr><td>6</td><td>세부 표시과목코드</td><td>DETAIL_DISP_SUBJ_CD</td><td><table>
<tr><th>코드</th><th>설명</th><th>코드</th><th>설명</th></tr>
<tr><td>00</td><td>내과 통합</td><td>06</td><td>혈액종양내과</td></tr>
<tr><td>01</td><td>소화기내과</td><td>07</td><td>감염내과</td></tr>
<tr><td>02</td><td>순환기내과</td><td>08</td><td>알레르기내과</td></tr>
<tr><td>03</td><td>호흡기내과</td><td>09</td><td>류마티스내과</td></tr>
<tr><td>04</td><td>내분비,대사내과</td><td></td><td></td></tr>
<tr><td>05</td><td>신장내과</td><td></td><td></td></tr>
</table></td></tr>
<tr><td>7</td><td>요양기관 시군구코드</td><td>ADDR_SGG_CD</td><td>시도(2자리)+시군구(3자리)</td></tr>
<tr><td>8</td><td>전체 의사 수</td><td>CNT_MDR_TOT</td><td>의과, 치과, 한의사를 포함</td></tr>
<tr><td>9</td><td>의과 전문의 수</td><td>CNT_MDR_SPC</td><td></td></tr>
<tr><td>10</td><td>전체 치과의사 수</td><td>CNT_DDR_TOT</td><td></td></tr>
<tr><td>11</td><td>치과 전문의 수</td><td>CNT_DDR_SPC</td><td></td></tr>
<tr><td>12</td><td>전체 한의사 수</td><td>CNT_HDR_TOT</td><td></td></tr>
<tr><td>13</td><td>한의 전문의 수</td><td>CNT_HDR_SPC</td><td></td></tr>
<tr><td>14</td><td>전체 간호사 수</td><td>CNT_NRS_TOT</td><td></td></tr>
<tr><td>15</td><td>전체 간호조무사 수</td><td>CNT_NRS_AID_TOT</td><td></td></tr>
<tr><td>16</td><td>전체 약사 수</td><td>CNT_PHRM_TOT</td><td></td></tr>
<tr><td>17</td><td>입원병실수(1~3인실 합)</td><td>CNT_ROOM_INP_13</td><td></td></tr>
<tr><td>18</td><td>입원병상 수(1~3인실 합)</td><td>CNT_BED_INP_13</td><td></td></tr>
<tr><td>19</td><td>입원병실 수(4~6인실 합)</td><td>CNT_ROOM_INP_46</td><td></td></tr>
<tr><td>20</td><td>입원병상 수(4~6인실 합)</td><td>CNT_BED_INP_46</td><td></td></tr>
<tr><td>21</td><td>수술실 병실 수</td><td>CNT_ROOM_OP</td><td></td></tr>
<tr><td>22</td><td>수술실 병상 수</td><td>CNT_BED_OP</td><td></td></tr>
<tr><td>23</td><td>응급실 병실 수</td><td>CNT_ROOM_ER</td><td></td></tr>
<tr><td>24</td><td>응급실 병상 수</td><td>CNT_BED_ER</td><td></td></tr>
<tr><td>25</td><td>성인/소아중환자실 병실 수</td><td>CNT_ROOM_ICU_ADLT</td><td></td></tr>
<tr><td>26</td><td>성인/소아중환자실 병상 수</td><td>CNT_BED_ICU_ADLT</td><td></td></tr>
<tr><td>27</td><td>신생아중환자실 병실 수</td><td>CNT_ROOM_NICU</td><td></td></tr>
<tr><td>28</td><td>신생아중환자실 병상 수</td><td>CNT_BED_NICU</td><td></td></tr>
</table>

# 찾아보기

## 저자 소개

**김경훈**
고려대학교 경제학사
고려대학교 보건학석사
고려대학교 보건학박사
전) 건강보험심사평가원 연구위원
현) 국립공주대학교 간호보건대학 보건행정학과 교수

# SAS를 이용한 건강보험자료분석

저　자　김경훈
발 행 인　김지영
발 행 처　자유아카데미
주　소　경기도 파주시 회동길 37-42
파주출판도시
전　화　031-955-1321
팩　스　031-955-1322
홈페이지　www.freeaca.com
전자우편　main@freeaca.com (대표)
editor@freeaca.com (편집)
crm@freeaca.com (영업)
등　록　제406-2003-017호, 1980. 7. 12
제1판1쇄　2025년 6월 10일 발행

저자와의
협의하에
인지생략


ISBN 979-11-5808-715-9 93000